自己発見と大学生活

初年次教養教育のためのワークブック

松尾智晶 監修　中沢正江・松尾智晶 著

Expression, Dialog, Self-Conversation

ナカニシヤ出版

〈さやかの場合〉

例えばこんなホーム	例えばこんなアウェイ
 テストもできたし順調やわぁ	 大学ってこんなに人多かった…？
 さやかこっち！券買っといたで／ほんまぁ？ありがとー！	 席とりもし過ぎて全然座るところ無いやんかぁ〜
 すみませんここの席いいですか？／え、あ、はい！どうぞ！	 次の授業あの先生や…ホンマだるいな
 4限も先生おもろくて勉強なるし今学期もフル単やな♪	 なんかめんどいし大学って理想とちゃうわぁ

漫画：京都産業大学外国語学部卒業生　星加　静
テーマ：大学をアウェイからホームへ

この授業を創り上げるプロセスに関わられたすべての受講生、学生ファシリテータ、職員、そして教員に本書をささげます。

はじめに

　『自己発見と大学生活』という本書のタイトルは，そのままこの本の目的を表しています。自分自身を改めて見つめ，自分に合った大学生活をみなさん自身が産みだしてほしい，これが私たち著者の願いです。

　この本は，大学に入学された初年次生を対象に開講される講義で，活用されることを想定して書きました。

　大学に入学されたみなさんが自分を大切に見つめなおし，自分に関する理解を深め，周囲の環境と自分との関係を考えながら意見を言いあったり活動してみることを恐れずに，安心して豊かな大学生活を過ごされるよう心から願っています。

　「大学生活」とは，どのようなものでしょうか。

　私たちは，大学生活は大学生であるみなさん自身が産みだすものだと考えています。ある程度，決められた「すべきこと」の枠組みはありますが，大学で何を学ぶか・何を経験するかは学生自身がデザインできるのです。また，そうしなければ，大学の値打ちは半減してしまい実にもったいないと私たちは考えています。

　「大学」とは，何でしょうか。

　私たちは，大学とは「新たな知を産みだすところ」だと捉えています。新たな知を産みだすスタートは，まず自分が何を知りたいのか，何に興味を持っているのかに気づくことです。知識を身につけ，疑問や自分の意見をまとめ，調査や実験を何度も重ねて検証し議論を楽しみながら，新たな知を産みだすのが大学です。試してみて，挑戦して，失敗して，成功して，発見する場が大学です。そして，その中心は大切なあなた自身です。

　私たちをとりまく世界のすべてに興味関心を持つ楽しみを，考えや意見を交わしあい，何かを発見する知的興奮を，ぜひ大学で味わってください。それが，大学の持つ醍醐味です。

　「知」とは，「学び」とは，何のためにあるのでしょうか。私たちは，私たち一人ひとりがより良く生きるためのものだと考えています。自分にとっての『より良く生きる』とはどのような状態を指すのか，そのために何が必要なのか。千差万別のその解を，あなたの well-being のための解を，大学でみつけてください。

　最後になりましたが，この本は京都産業大学の共通教育科目（初年次対象）「チャレンジ精神の源流」「キャリアデザイン基礎」「自己発見と大学生活」の内容を踏まえて産み出したものです。関係者のみなさまに，深く感謝申し上げます。

松尾智晶

初年次教育科目を担当される教職員のみなさまへ

　初年次教育は何を目的として，なされるべきでしょうか？

　本書は，大学に「慣れる」ためにアカデミックスキルに触れてはおりますが，スキル修得に重きを置いていません。「自分の人生の方針を自らに問いかけ続け，生きる一人の人間」としての自覚を初年次生に促していることが本書の特徴です。

　アカデミックスキルの修得，市民としての素養の涵養，社会人基礎力の育成，専門領域（ディシプリン）における学習へのレディネスの形成……大学の教職員が，学生に大学入学時に身につけて欲しい知識・能力・態度は枚挙に暇がありません。これらは，いずれも重要なものです。

　その上で，本書は敢えて，その手前の問題に焦点を当てています。

　大学の初年次生にこそ，自分は何者なのか，自分はどのように学び，どう生きたいと思うのかという「方針」を，自らに問いかけ続けてほしい……その問いかけの促しを主目的として本書を執筆しました。その問いかけこそが，大学で学ぶ意義を深め，活き活きと学ぶ基盤として働くと私たちは考えています。

　初年次教育の現場で日々受講生達の様子を観察し，語り合う中で，私たちはあることに気づきました。

　それは，多くの新入生にとって自分が「どのように大学生活を送りたいのか」ということを考え，表現し合うことがとても難しいということです。「自分の意見を言っていいのだろうか」「自分の考えには，表明するだけの価値があるのだろうか」「自分の方針を持つ方が，良い大学生活につながるのか？　本当に？」という不安や疑問を解消し，自らが望む大学生活を送ってほしいと考え，この科目を運営しています。

　社会人は知らず知らずのうちに，社会の後輩である若者に「このように生きて欲しい」「このように生きるのが良い」という思いを強く出し過ぎているのかもしれません。そのような思いから，若者自身の人生の為に様々なスキル・知識を身につけて欲しいと願う……それはとても真摯な願いです。

　一方で，スキルを身につけることが目的となり，そのスキルを何故身につけるのか，そもそもそのスキルは自分が求めているものなのか，自分はどう生きたいのか……と，自らに問い，納得感を形成する時間は充分若者に与えられているのでしょうか。

　この科目では，これらの根源的な問いを投げかける場を提供したい……それが私たちの想いです。

　このような想いから，本書は，どの学部でも役立ち得るアカデミックスキル（プレゼンテーション，ディスカッション，調査方法等）の修得の要素を入れながら，「自分の方針」を表現し合い，問いかけ，そのことを楽しみ喜び合う機会を提供するよう構成されています。

　これまでの大学教育でも「自分の人生の方針を自らに問いかけ続け，生きる一人の人間」としての自覚を得られる機会を十分に提供できていた，それらは教養教育で得られていたのではないか，と感じる方もいるかもしれません。あるいは，集団としての規律を主たる基盤とせざるを得ない小学校から高等学校までの教育から離れて「自由な大学」の空気に触れた若者は，そのような自覚が自ずから得られた，と感じる方もいるかもしれません。

　私たちは少なくともこのような自覚を促す教育は，大学教育の重要な部分であると考えています。この教育は，今の大学で，教養教育でこそ明確に意識して実践すべきであり，これについて新しい角度から実践を試みたく，この科目を運営しています。

　新しい角度の実践とは，他の受講生，先輩学生である「学生ファシリテータ」，社会人ゲスト，教員等，科目に関係する「他者」との対話・共通体験を通して，自分の人生の方針についての問いかけを促す，というアプローチのことです。このために，本書のワークは，自らの体験を価値づけ，意味づけ，現在の自分の方針を問い，表現し，他者と比較して相対化し，また問い直し，表現し……と繰り返して実践できるよう設計されています。

　本書の試みは，広く大学教育の現場で必要とされているものだと感じています。各大学で使用される際は，適宜アレンジしてご活用下さい。一方で，不足な点を補い，発展を目指したいとも考えております。ご意見やお気づきの点をお知らせ頂けたら幸いです。

　末筆となりましたが，本書は京都産業大学における初年次教育の取り組みと考え方を基に練り上げたものです。本学の初年次共通教育科目は「チャレンジ精神の源流」「キャリアデザイン基礎」に始まり，それを発展的に継承したものが「自己発見と大学生活」（選択科目／受講生規模2,000名）です。この科目は，自校教職員で構成されたワーキンググループでの議論を基に運営されています。本書の執筆にあたり，これまでこの科目の内容にご意見をくださった「自己発見と大学生活」運営ワーキンググループの皆様（久保秀雄委員長・荻野晃大委員・下田幸男委員・中西佳世子委員・東田晋三委員・松高政委員・村田英雄委員），及び担当教員の皆様，本学F（ファシリテーション）工房の大谷麻予氏・鈴木陵氏，キャリア教育研究センター富山雄一郎氏・前原達哉氏，関係諸氏に深く感謝申し上げます。

中沢正江・松尾智晶

目　次

はじめに　*iv*
初年次教育科目を担当される教職員のみなさまへ　*v*

00　「自己発見と大学生活」について ―――― *1*

00-01　自らの方針に基づく大学生活　*1*
00-02　「学生ファシリテータ」とは　*1*
00-03　本授業の特色　*2*
00-04　受講ルール　*3*
00-05　成績評価の配点基準　*3*
00-06　出 欠 席　*4*
00-07　講義スケジュール　*4*
00-08　準備ワーク　*5*

Part I　自分自身を省察し発見する
様々な活動と情報を基に

01　オリエンテーション ―――― *9*
自己表現とフィードバックでお互いを知り合う

01-01　この授業の到達目標　*9*
01-02　ワークの進め方　*9*

02　対話を通して知る自分 ―――― *13*
自分が人生で大切にしてきたことを省察する

02-01　この授業の到達目標　*13*
02-02　ワークの進め方　*13*

03 大学生活を調査する① ———————————— 17
先輩に聞く大学での学び方

03-01 この授業の到達目標 　*17*
03-02 ワークの進め方 　*17*

04 大学生活を調査する② ———————————— 21
先輩に聞く大学生活の過ごし方

04-01 この授業の到達目標 　*21*
04-02 ワークの進め方 　*22*

05 自分の「今」を表現する ———————————— 25
文章と図で今の自分を表してみよう

05-01 この授業の到達目標 　*25*
05-02 ワークの進め方 　*26*

06 社会人生活を調査する ———————————— 29
社会人の先輩に聞く：大学と社会をむすぶ私の大学生活

06-01 この授業の到達目標 　*29*
06-02 ワークの進め方 　*29*

07 私が大学生活でむすびたいもの ———————————— 33
社会人へのキャリアインタビュー・レポートと自分の大学生活の発表

07-01 この授業に参加するための準備 　*33*
07-02 この授業の到達目標 　*34*
07-03 ワークの進め方 　*35*

Part II　チームを創り，表現する
私たちが考える「大学生活の愉しみ方」

08　グループワークとポスターセッション ———— 39

08-01　この授業の到達目標　39
08-02　ワークの進め方　40

09　発表準備と発表の振り返り ———— 43

09-01　この授業の到達目標　43
09-02　ワークの進め方　43

10　「私の大学生活」発表 ———— 47
スピーチ体験とフィードバック

10-01　この授業の到達目標　47
10-02　ワークの進め方　48

11　今期授業の振り返り ———— 49
今後の大学生活に向けて

11-01　この授業の到達目標　49
11-02　ワークの進め方　49

参考文献　53

00 「自己発見と大学生活」について

00-01 自らの方針に基づく大学生活

　「大学生活」では,「自分にとって正しいことは何か」「自分にとって何を学ぶのがよいか」「自分はどのような力を身につけたいか」,すべて自分自身で判断することが求められます。新入生であっても,大学生は「社会人」と同様に,「自由」と「責任」の世界に属しています。このことを活かしあなたにとっての大学生活を考えるのがこの授業の目的です。

　あなたが大学で何を経験し,何を学べばよいか。その答えは,あなた自身がみつけます。友人や教職員と対話し,大学が提供する様々なサービスを利用し行動してゆく。これは「大学」という場に来た,あなたの「自由」「責任」そして「権利」です。自分に合った答えを,誰かから押し付けられるのではなく自分で選び取ることができる「自由」を活用し,楽しんでほしい。自分の大学生活に,自分なりの「方針」を持つ準備をするのがこの授業です。

　大学での「自由」は,慣れないうちは「不安」かもしれません。しかし,その「自由」を使いこなすことができれば,無限の可能性を産み出す(産すぶ)ことができます。新たなものを産み出し,周りの環境にあるリソースを結びつける「むすぶ力」をつけて,クラスメイトと共に,あなたならではの大学生活の第一歩を踏み出してください。

00-02 「学生ファシリテータ」とは

　これからの大学生活でみなさんが育む人間関係の中の一つに,「先輩・後輩」という関係があります。キャンパスでどう過ごすのか,あなたが大学生として何をするかを考えるときに「先輩は,どうしているんだろう?」と参考にしてみると,自分の行動を選びやすくなります。大学でこれから体験する,ゼミ活動,講義での学び,クラブ・サークルの活動,あるいは趣味やボランティア活動,プライベートなどの日常生活では,「先輩」という存在がみなさんをサポートすることがあります。そのような状況をこの科目ではそのまま取り入れて,先輩学生が授業に参加し受講生を様々な形でサポートします。彼ら彼女らは「学生ファシリ

テータ」という存在です。ファシリテータとはファシリテーションする人のことで、ファシリテーションは「引き出す」という意味があります。みなさんの持ち味や考え、質問や意見を引き出す人が「学生ファシリテータ」です。具体的には、授業の様子を見守りながら、受講生に話しかけたり、グループワークに取り組みやすいように支援するボランティアスタッフです。学生ファシリテータは、説明会に参加し研修を受けて授業に臨みます。安心して話せる先輩でもあります。授業や大学生活のことで迷ったり、わからないことや困ったことがあれば、気軽に声をかけてください。

00-03　本授業の特色

　この授業では、色々な価値観を持った者同士が、新たな人間関係をどのように築いていくのかを体験するプロセスを通じて、多くの学びや気づきが得られるよう構成されています。

　したがって、授業の運営は講義形式ではなく、受講生が中心となって進めることになります。このような授業形態を「アクティブラーニング形式」「演習形式」と言います。大学の授業は、大きく二つの形式があります。「アクティブラーニング形式」や「演習形式」のように受講生が主体となり活動する形式と、教員が中心となって進め、受講生は考えながらメモを取り、質問時間に質問する「講義形式」です。この授業では、両方の授業形態を学生自身が「使いこなせる」ように準備していますので、先輩学生やゲストの話を聞きながらメモを取り、質問を考え発言する場面もあります。しかし、基本的には、受講生の活動を中心としており、ペアワーク、グループワーク、ディスカッション、プレゼンテーション等、あなた自身が主役となる場面が多く用意されています。

　そのような場面では、あなたの振る舞い、あなたの発言が、他の受講生の学びの質に大きく影響します。授業を受講生全員にとってより充実した内容とするために、以下の3点を身につけましょう。

- ●「自分から行動する」主体的な姿勢
- ●場の「ルール、マナーを守る」社会的な意識
- ●コミュニケーションにおいて「相手に反応を返す」相互尊重の態度

　この姿勢、意識、態度を身につけることで、これからの大学生活が豊かなものになります。これらは大学という枠を超え、社会で自分らしい人生を歩んでいくための基礎的な「型」ともいえます。人は行動し、得た経験や他者との対話を通じて自分らしい人生を歩んでいくための情報を得ます。この授業は、そのためのトレーニングです。新入生だからこそ、この授業を活用して、「人と話すのが苦手」「何か発言するのは面倒」「失敗したら恥ずかしい」「自

分のキャラ（キャラクター）じゃない」という不安やネガティブな思いをいったん横におき，自分から積極的に声をかけて対話を始めましょう。

00-04　受講ルール

　この授業では，自分の大学生活や人生（将来）のことを真剣に語り合う「対話」と活動を通じて，お互いが学び，発見し，気づき，不安や迷いを共に乗り越えていく「場」と「時間」を共有します。

　授業を有意義な時間とするために，以下のルールを守ってください。

●自分に対するルール
①受け身，無関心にならず，疑問や意見は遠慮なく発言する
②テキストは毎回必ず持参し，気づいた点，学んだ点などを「メモ」する習慣をつける
③ペアワーク，グループワークでは「自分が言いたいこと，やりたいこと」と「自分の役割と責任」は何かを考え，自ら発言し，提案し，作業を行う
④「自分が自分の成長を観察する」という意識を持って，毎回「Reflection Note」に授業の振り返りを記入する
⑤よい学びの場づくりのために，挨拶を忘れず，欠席，遅刻はしない。
※挨拶はグループの雰囲気を前向きにしますし，遅刻や欠席は他の受講生にも影響します。

●教員，学生ファシリテータ，クラスメイトに対するルール
①質問や意見を言いたいときは，素直に，相手に伝える
②相手の話をよく聴き，自分の意見を分かりやすく伝える
③人任せ，相手任せにせず，自分自身が授業をつくる意識を持つ
④お互いの在り方，考え方を尊重しあう

00-05　成績評価の配点基準

　教員から指示します。シラバスでも確認してください。

00-06 出欠席

以下によって，出欠席を確認します。

- 「Reflection Note」：毎回提出し，担当教員の確認サイン（印）をもらう

00-07 講義スケジュール

講	日程	内容	連絡事項
1	月 日（ ）	オリエンテーション ―自己表現とフィードバックでお互いを知り合う―	
2	月 日（ ）	対話を通して知る自分 ―自分が人生で大切にしてきたことを省察する―	
3	月 日（ ）	大学生活を調査する① ―先輩に聞く大学での学び方― ※座談会形式	
4	月 日（ ）	大学生活を調査する② ―先輩に聞く大学生活の過ごし方― ※ポスターセッション形式	ピア・レビューチーム決定
5	月 日（ ）	自分の「今」を表現する ―文章と図で今の自分を表してみよう―	
6	月 日（ ）	社会人生活を調査する 社会人の先輩に聞く ―大学と社会をむすぶ私の大学生活―	
7	月 日（ ）	私が大学生活でむすびたいもの ―社会人へのキャリアインタビュー・ レポートと自分の大学生活の発表―	キャリアインタビュー・レポート提出
8	月 日（ ）	大学生活を産（む）すぶ グループワーク① ―ポスター発表のテーマ・基本構成を考え，調査する―	グループ活動シート配布
9	月 日（ ）	大学生活を産（む）すぶ グループワーク② ―ポスター発表の内容を精査し，完成に近づける―	
10	月 日（ ）	大学生活を産（む）すぶ グループワーク③ ―クラス内模擬発表―	

講	日程	内容	連絡事項
11	月　日（　）	大学生活を産（む）すぶ グループワーク④　―合同クラスポスターセッション―	
12	月　日（　）	大学生活を産（む）すぶ グループワーク⑤　―発表準備と発表の振り返り―	グループ活動シート 提出
13	月　日（　）	大学生活を産（む）すぶ 「私の大学生活」発表（前半） ―スピーチ体験とフィードバック―	
14	月　日（　）	大学生活を産（む）すぶ 「私の大学生活」発表（後半） ―スピーチ体験とフィードバック―	Reflection Note 提出
15	月　日（　）	今期授業の振り返り ―今後の大学生活に向けて―	Reflection Note 返却 最終レポート提出

※日程は自分で記入しましょう。

00-08　準備ワーク

　あなたの通う大学について，「どんな大学」であるか他の人に紹介するよう頼まれたら，どんな風に説明しますか？　次の設問について，自分の通う大学のホームページなどから情報を収集して答えてみてください。また，それらの情報を使って，自分の通う大学について，後輩や知人・友人等の第三者ににわかりやすく説明してみましょう。

Q1．大学の正式名称は ＿＿＿＿＿＿＿＿＿＿＿＿＿＿＿＿＿＿＿＿＿＿＿＿＿

Q2．大学が開学したのは ＿＿＿＿＿＿＿＿＿＿＿＿＿＿＿年

　　　　　　　　　　　　（特徴・成したこと）　　　　　　　　　　　　（氏名）

Q3．大学の創設者は， ＿＿＿＿＿＿＿＿＿＿＿＿＿＿＿である＿＿＿＿＿＿＿。

Q4．大学は ＿＿＿＿＿＿＿＿つの学部が設置されている。

学部・学科は，具体的には，＿＿＿＿＿＿＿＿＿＿＿＿＿＿＿＿＿＿＿＿＿がある。

Q5. 大学を卒業するには，次の要件を満たす必要がある。
大学の学士授与の基準（「学位授与方針」・「ディプロマポリシー」）について調べ，下の欄に書き込みましょう。

Part I
自分自身を省察し発見する
様々な活動と情報を基に

01 オリエンテーション
自己表現とフィードバックで
お互いを知り合う

01-01 この授業の到達目標

「大学とはどのような場か？」と聞かれて，真っ先に思い浮かべて欲しいのは，「『あなたにとっての答え（あなたの考え）は何か？』と問われる場所である」，ということです。

あなたは，何をどのように調べ，どのような事を「正しい」であるとか，「妥当である」と信じ，その「正しさ」「妥当さ」をどのように主張する人なのでしょうか？

第1章では，「自分はどんな人であるのか」を表現し合う簡単なワークを行い，大学生活に入る肩ならしをしていきます。同時に，クラスメンバーに「どんな人がいるのか」を知り合う機会にもなるでしょう。あまり緊張せず，まずは肩の力を抜いてトライしてみましょう。

- 授業の概要とルールを理解する
- 自分のことを表現し合う（自己表現し合う）ワークに慣れる
- できるだけ多くのクラスメンバーと知り合うことで，自己表現しやすい場をつくる

01-02 ワークの進め方

①個人ワーク

Work Book の Work①（☞別冊：2頁）の欄に，「自分を漢字1字で表すとしたら，どんな漢字が良いか」を考えて，向かい合う相手に見せた時に相手が読めるよう，大きく書き込んでください。マーカー等があれば，マーカー等で書き込むのが良いでしょう。

大きく一文字書けたら，その下に「氏名（フリガナ）」「学部」を書き添えてください。

時間が余ったら，趣味についてのコメントや，イラストなどを加えてもよいですね。

②ペアワーク

　さっそくプレゼンテーションを始めましょう。**Work Book** とペン1本を持って立ち上がってください。教室を自由に歩き回り，自分の「ペア」をみつけましょう。ペアがみつかったら，挨拶し，どちらから「字」己紹介を始めるかを話し合って決めましょう。

　先に「字」己紹介をする人が決まったら，プレゼンテーションタイムです。「＊＊学部の＊＊と言います。私は「＊」という字を選びました。なぜなら……」等と，学部，氏名，選んだ「字」について，ペアにわかりやすく説明してください。

　聞き手は，相手に関心を向けながら聞きましょう。聞き終わったら，相手の印象，話しぶりや，選んだ字について，感想を一言フィードバックするようにしましょう。

　最後に，お互いのプレゼンテーションが終わったら，お礼を言い合い，**Work Book** を交換します。自分のフルネームをお互いの **Work Book** の **Work** ①の空いている箇所に署名し合いましょう。

　署名し合えたら，次のペアを見つけるため，再び教室を歩き回りましょう。さぁ，何人のメンバーと，時間内に「字」己紹介できるでしょうか？

③個人ワーク

　Work ②（☞別冊：3頁）に，クラスメンバーから言われた言葉，自分の言葉や振る舞いで記憶に残ったことを記入しておきましょう。

④グループ作り

　4人一組のグループを作成します。前2人，後ろ2人の4人組とします。

⑤グループワーク

　4人一組で座る事ができたら，前の2人は後ろを振り返って，4人で話し合いができる体制を作ります。誰か一人の **Work Book** の **Work** ③（☞別冊：3頁）に全員が書き込めるよう体制を整え，先ほどの「字」己紹介を使って，自己紹介をしておきましょう。

　制限時間内に，「口」に，「2画を足して（常用）漢字になる」文字を，できる限りたくさん，グループで書き出していきます。どのグループが，時間内に最も多くの漢字を書き出せるでしょうか？

　例）「口」に，「―」「｜」と，2画を足すと「田」ができ上がります。

　思いついたものを口に出してどんどん言い合う，誰かが一つの方法で考え始めたら，別の方法を試す……など，グループで役割を分担しながら作業することに慣れましょう。

●授業の終わりにチェック

☐ 本科目の概要とルールを理解した

☐ 自己表現し合うワークに慣れた

☐ 多くのクラスメンバーと知り合い，自己表現し合いやすい場をつくることができた

02 対話を通して知る自分
自分が人生で大切にしてきたことを省察する

02-01 この授業の到達目標

　この授業のゴールは,「自分の大学生活に,自分なりの『方針』を持つ」ことです。では,あなたが大学生活で重視したいことは,一体どのようなものなのでしょうか。

　第1章では,「自分のことを表現し合う」ことに慣れました。第2章では,もう少し踏み込んで,自分のことを,多人数で表現し合ってみましょう。

　自分が重視していること,他者と比べてそれほど重視していないことを,対話を通じて検討するためのワークを行います。同時に,言葉にはできない(言語化されていない)自分についての印象をフィードバックし合うワークを行います。

　これらによって,「自分の大学生活についての『方針』」がどのようなものになりそうか,その土台となる情報を得ましょう。

- 自分が大学生活に関して重視していることを表現する
- 普段は言語化されない,自分が他者に与えている印象について知る
- 多人数でのグループワークに慣れる

02-02 ワークの進め方

①グループ分け

　1グループ5〜6名のグループを作成し,声を発さずにグループの座席に静かに着席します。

②個人ワーク「第一印象ワーク:インプレッション編」

　Work Book の Work ①(☞別冊:4頁)を使用します。グループメンバーを,声を発さずに

見回し，自グループの各座席番号に座っている人の第一印象について，最も強く感じた印象に「◎」，次に感じた印象に「○」をつけてください。どの欄に，どの人の印象を書き込むかについては，座席番号を提示しますので，参考にしてください。Work①の項目に挙げられていない印象を感じた時には，下の「コメント欄」にメモしておきましょう。

教員または学生ファシリテータの合図で，お互いに話をしてもOKになります。合図があったら，Work①の氏名欄にお互いの氏名を書き込みましょう。

③個人ワーク「価値観ワーク：私が大学生活で重視したいことは何か？」

Work②（☞別冊：6頁）を使用します。あなたが，大学生活において，やりたいこと・チャレンジしたいこと（やりたくて既に取組んだこと（やりたくなかったが，やったことは除く））に当てはまるものに直感で何個でもチェックしてください。選択肢にないものは，思いつく限り各カテゴリに追加して記入してください。あなたの大学生活の「方針」を考える上での基礎的な情報になります。

十分，網羅的に挙げきったと思えたら，チェックした項目の内，特に重要だと思うものを1〜3項目選び，マーカーで印をつけるか，色ペンで下線を引いて強調してください。

④個人ワーク「価値観ワーク：私が大学生活で重視していることの関係図」

Work②に，あなたが大学生活で重視していることが現れてきました。

そのうち，ただ一つだけ最も重要なものを選ぶとしたら，何を選びますか？　それを達成するために必要だから重視していることと関連づけ，Work③（☞別冊：7頁）に，図や文で描いてみてください。

例）

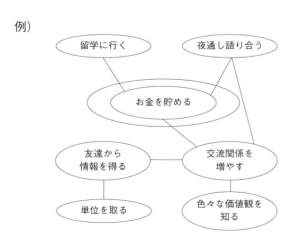

価値観には正解はなく，変化するものですので，「今の瞬間，思いつくのはこんなイメージ」といった気持ちを大切に，思い切って描いてください。時間が余った場合は，次のグループワークでの発表時に，メンバーがあなたの大学生活のイメージを理解しやすいよう工夫しましょう。イラストを入れたり，色ペンでデコレーションしたりするのもよいでしょう。

⑤グループワーク「私が大学生活で重視したいこと」

さぁ，いよいよ共有です。Work③の表現をグループメンバーに見えるように提示しながら，自分が大学生活で最も重視したいことと，その手段として重視していきたいことについて，関係を解説してみましょう。グループメンバーの発表を聞く中で，思いもよらない価値観に出会えるかもしれません。

例）私が最も重視したいことは＊＊することです。そのために具体的には＊＊と＊＊に取り組んでみたいと考えています。理由は……

⑥個人ワーク「第一印象ワーク：リフレクション編」

授業の冒頭でグループメンバーのことを知らずにWork①に，それぞれの第一印象を記録しました。価値観ワークを通じて，少し踏み込んでメンバーのことを知った今，それぞれの印象を再評価すると，どのようになるでしょうか。

Work④（☞別冊：5頁）に，今，最も強く感じている印象に「◎」，次に強く感じている印象に「○」を付けてください。Work④の項目に挙げられていない印象を感じた時には，下の「コメント欄」にメモしておきましょう。

⑦グループワーク「第一印象ワーク：フィードバック編」

Work①と④を使用し，まず，座席番号1番の人について，メンバー全員から，Work①の時と，Work④の時との印象についてフィードバックしていきます。1番の人について，全員がコメントを終えたら，2番の人について……と順番にグループメンバー全員について，全員からコメントします。

第一印象から，価値観ワークを通じて，印象が大きく変わった人，変わらない人がいるかもしれません。話をする前の第一印象を，こうして言葉でコメントされる機会はなかなかありませんので，メンバーからのフィードバックは，Work⑤（☞別冊：5頁）にメモを取りながら聞きましょう。

●授業の終わりにチェック

☐ 自分が大学生活に関して重視していることを表現した

☐ 普段は言語化されない，自分が他者に与えている印象について知った

☐ 多人数でのグループワークに慣れた

03 大学生活を調査する①
先輩に聞く大学での学び方

03-01 この授業の到達目標

　第1章，第2章では，「自分について表現する」ことに，段階的に取り組みました。いったん，ここで「自分について表現する」ということから離れてみましょう。自分の大学生活に対して「方針」を持つためには，「そもそも大学生活における学び方・過ごし方には，どのようなものがあるのか？」と情報収集することも大切です。

　第3章，第4章では，「大学生活」に関する情報を，先輩学生に聞くことで増やしていきます。第3章では，座談会形式で「大学での学び方」に関する情報を収集します。第4章では，授業全体の後半で受講生のみなさんも取り組むことになる「ポスターセッション形式」で，「大学での過ごし方」に関する情報を収集します。「ポスターセッション」は学会発表でも行われます。

　第3章，第4章では，共通してグループメンバーと協力し合って調査活動を分担し，各自の得た情報をグループで共有します。グループを代表する調査者として，しっかり先輩方からよい情報を収集し，グループに貢献し合いましょう。

　第3章，第4章で得られる情報は，「自分の大学生活についての『方針』」に役立ち，より具体的な大学生活のイメージを持つことができるはずです。

- 大学での「学び方」について情報を得る
- グループメンバーに対し，調査者としての役割を果たして貢献する

03-02 ワークの進め方

①グループ分け

　1グループ5〜6名のグループを作成し，グループごとに着席します。

②グループワーク「調査計画の立案」

　グループメンバーで，自己紹介し合ってください。自己紹介の際は，第1章や第2章の感想を共有するのもよいでしょう。

　その後，今日の座談会で発表する先輩方の「フラッシュ・トーク」を聞きます。「フラッシュ・トーク」では，各先輩がどのような「大学での学び方」を紹介するのかについて，1分間で概要を知ることができます。「フラッシュ・トーク」を踏まえた上で，グループメンバーで話し合い，調査計画を立てます。先輩方の座談会は2セッション行われます。「1セッション目に，誰が，どの先輩の話を聞きに行くのか」「2セッション目に，誰が，どの先輩の話を聞きに行くのか」について，グループ内で話し合って決め，**Work Book** の **Work** ①（☞別冊：8頁）に座談会を行う各先輩の学部，学年，氏名を記入してください。また，それぞれの先輩に対する「1回目の調査者」と「2回目の調査者」について，自グループの調査者の名前を入れましょう。

　また，下記の **Point** を参考に，自分が調査を担当する先輩に対する質問を少なくとも一つは考え，**Work** ①のメモ欄に記入しておきます。グループの中で，質問が思いつかず，苦労しているメンバーがいる時は，一緒に質問のアイデア出しをしましょう。

Point
- クローズドクエスチョン：相手が，2択，3択等で答えられる問いかけ
  ・プライベートの用事と授業では，どちらを優先していますか？（2択）
  ・友達と，受ける授業について一緒に考えますか？（Yes／No）
- オープンクエスチョン：相手が，自由に答えられる問いかけ
  ・何を基準にして授業を受けるようにしていますか？
  ・社会人になるために，重要な授業はどんなものだと思いますか？

よい質問を考えることは，自分自身の考えを深めるためにも重要！
先輩方の懐（ふところ）に飛び込んでみよう！

③個人ワーク「座談会①」

　1回目の座談会が始まります。先輩とじっくり話す機会が，次にいつあるかわかりません。自グループメンバーや自分にとって，参考になる情報を得るため，積極的に質問しましょう。先輩の話の内容，先輩の印象，自分が質問したことと，その回答を **Work** ①にメモしましょう。「メモしながら聞く」ことは，大学での学びの基本的なスタイルの一つです。「相手を見

て書きながら聞く」ということに慣れていない人も，今のうちに慣れてしまいましょう。

④グループワーク「座談会①の共有」

　1回目の座談会における情報収集の成果を，グループに戻って共有しましょう。参考になる情報を収集しているメンバーがいたら，必ず「参考になった」「よい情報だった」等のコメントや感謝の気持ちを，フィードバックしましょう。また，うまく情報を集められずに苦労しているメンバーがいたら，自分が聞きにいったセッションで有効だった質問などを共有しましょう。

　1回目の座談会の成果共有が終わったら，2回目の座談会の予定を確認し，変更が必要であれば，話し合って決めましょう。

⑤個人ワーク「座談会②」

　③と同様に行います。

⑥グループワーク「座談会②の共有」

　④と同様に行います。

⑦ピアレビュー・パートナーの選定

　現在活動しているグループにおいて，3名1組を基本として，連絡先を交換し合いましょう。第7章で提出する「キャリアインタビュー・レポート」のピアレビュー・パートナーとします。第7章で提出するレポートは，必ずピアレビュー・パートナーからピアレビューを受け，提出する必要があります。詳しくは本テキストの33頁を参照しましょう。

●授業の終わりにチェック

☐ 大学での「学び方」について情報を得た

☐ グループメンバーに対し，調査者としての役割を果たして貢献した

04 大学生活を調査する②
先輩に聞く大学生活の過ごし方

04-01 この授業の到達目標

　第3章に引き続き，第4章では，「大学生活」に関する情報を，先輩学生に聞くことで増やしていきます。第3章では，座談会形式で「大学での学び方」に関する情報を収集しました。第4章では，後半で受講生のみなさんも取り組むことになる「ポスターセッション形式」で，「大学での過ごし方」に関する情報を収集します。

　ポスターセッションは，第8章以降でみなさんも取り組むことになるので，ポスターの作り方，解説の仕方，質疑応答のイメージなどを覚えておき，参考にしてください。

> **Point**
> ● ポスターセッションとは？：学会やワークショップ，展示会等で，発表内容をポスターにまとめ，ポスターの前に説明員（ポスターに掲載されている内容に関して説明可能な人）を配置する発表形式です。
> 　発表時間と質疑応答時間が設定された口頭発表とは異なり，ポスターセッションでは，興味のある人が展示されたポスターの前に自由に足を止め，説明員と直接質疑応答できることが特徴です。ポスターは説明員が居なくても，発表内容の概要が掴める構造になっているので，ポスターを見るだけで発表内容の概要が掴めることも利点です。

　第4章では，第3章に引き続き，共通してグループメンバーと協力し合って分担し，各自の得た情報をグループで共有します。グループを代表する調査者として，しっかり先輩方から良い情報を収集し，グループに貢献し合いましょう。

　第3章，第4章で得られる情報によって，「自分の大学生活についての『方針』」に役立つ，より具体的な大学生活のイメージを持つことができるはずです。

・大学生活での「過ごし方」について情報を得る
・グループメンバーに対し，調査者としての役割を果たして貢献する
・ポスターセッション形式の発表について，聞き手役で参加する
※第10回，第11回では，受講生全員が説明員役で参加するので，それに備える

04-02　ワークの進め方

①グループ分け

1グループ5〜6名のグループを作成し，着席する。

②グループワーク「調査計画立案」

グループメンバーで，自己紹介し合ってください。自己紹介の際は，第2章で明らかになった「何を重視して大学生活を送りたいのか」ということについて，別冊のWork Bookを見返しながら説明してください。

その後，今日，ポスター発表する先輩方の「フラッシュ・トーク」を聞きます。「フラッシュ・トーク」では，各先輩がどのような「大学生活での過ごし方」を紹介するのかについて，1分間で概要を知ることができます。Work BookのWork①（☞別冊：9頁）に，「フラッシュ・トーク」の内容をメモしながら聞きましょう。

次に，グループメンバーで話し合い，調査計画を立てます。先輩方のポスターセッションは2セッション行われます。1セッション目に，誰が，どの先輩の話を聞きに行くのか。2セッション目に，誰が，どの先輩の話を聞きに行くのかについて，グループ内で話し合って決め，Work BookのWork①（☞別冊：9頁）にポスター発表を行う各先輩の学部，学年，氏名を記入してください。また，それぞれの先輩に対する「1回目の調査者」と「2回目の調査者」について，自グループの調査者の名前を入れましょう。

③個人ワーク「ポスターセッション①」

1回目のポスター発表が始まります。先輩とじっくり話す機会が，次にいつあるかわかりません。自グループメンバーや自分にとって，参考になる情報を得るため，積極的に質問しましょう。先輩の話の内容，先輩の印象，自分が質問したことと，その回答をWork②（☞別冊：10頁）にメモしましょう。第3章でも学んだように，「メモしながら聞く」ことは，大学での学びの基本的なスタイルの一つです。「相手を見て，書きながら聞く」ということに慣

れていない人も，今のうちに慣れてしまいましょう。

④グループワーク「ポスターセッション①の共有」

　1回目の座談会における情報収集の成果を，グループに戻って共有し，**Work**③（☞**別冊：10頁**）にメモしましょう。参考になる情報を収集しているメンバーがいたら，必ず「参考になった」「よい情報だった」などのコメントや感謝の気持ちを，フィードバックしましょう。また，うまく情報を集められずに苦労しているメンバーがいたら，自分が聞きにいったセッションで有効だった質問などを共有しましょう。1回目のポスター発表の成果共有が終わったら，2回目の調査者を確認し，変更が必要であれば，話し合って決めましょう。

⑤個人ワーク「ポスターセッション②」

　③と同様に行います（**Work**④（☞**別冊：11頁**））。

⑥グループワーク「ポスターセッション②の共有」

　④と同様に行います（**Work**⑤（☞**別冊：11頁**））。

●授業の終わりにチェック

☐　大学生活での「過ごし方」について情報を得た

☐　グループメンバーに対し，調査者としての役割を果たして貢献した

☐　ポスターセッション形式の発表について，聞き手役で参加した

キャリアインタビュー・レポートは書けているかな？
そろそろ書き終えて，ピアレビュー・パートナーにチェックを依頼し，修正作業に入れるようにしよう！

05 自分の「今」を表現する

文章と図で今の自分を表してみよう

05-01 この授業の到達目標

　これまでの授業で，クラスメンバーとお互いを自己紹介し合い，自分が人生で大切にしてきたことや価値観について対話しました。また，先輩方のお話を聞いて参考にし，「自分の大学生活」をどう過ごすかというイメージが膨らんできたでしょう。これからあなたがどのような大学生活を産み出したいかを考えるときに，自分自身をより深く知ることがその基盤となります。第5章では，大学生活の基盤となる「今，ここにいる自分自身」について文章と図であらわし，表現し合って理解を深めましょう。自分の状態を知り，それを受け入れることは，自尊感情を高め，自分自身がよりよい態度や行動をとる助けになります。

> **Point**
> ● 自尊感情とは？：自分自身に対する肯定的な感情や態度を意味する言葉で，「自分はこれでよい」と安定的かつ包括的に評価することです。自尊感情尺度を開発したローゼンバーグによれば，自尊感情は「他者よりも優れている自分」や「完全・完璧な自分」という意味ではなく，自分の価値基準に照らし合わせて「これでよい」と自分を受け入れて，自分自身を尊重する考え方であるとされています。

　今の自分のあり方や自分に対して感じていることを客観的な視点で見つめ直し，これからの大学生活をどう過ごしたいかを，より明確に考えることが目標です。ワークを通じて「自分の状態を知る」ことが大切であり，良いとか悪いなどの判断をしないように注意しましょう。みなさんの大学生活は，これからみなさん自身が産み出すのです。

> ● 「自分の状態」と「自分を取り巻く環境」について理解を深める
> ● グループメンバーに対して，相手の自己理解を深める質問者の役割を果たして貢献する
> ● 「自分が大学生活を通じてどうなりたいか」を表現する

05-02　ワークの進め方

①グループ分けと自己紹介

　1グループ5〜6名のグループを作成し，着席する。グループ内で簡単に自己紹介をしましょう。名前はフルネームで言い，学部・学科等，そしてこの授業のこれまでの感想を一言述べます。

②個人ワーク「『私』を文章で表現する」

　これまでの授業を参考にして，今，自分自身に対して感じていることを **Work Book** の **Work** ①（☞別冊：12頁）になるべく率直に書いてみましょう。後でグループ内共有をしますから，言いたくないことは書かなくてよいですし，発表に差し支えのない範囲で表現してください。

③ペアワーク「自分を言葉で表現してみる」

　グループ内で2名（もしくは3名）のペアをつくり，**Work Book** の **Work** ①（☞別冊：12頁）について口頭で発表し合います。話し手と聞き手を決め，聞き手は話し手の発表に対してうなずいたりあいづちを打つなどの反応を返しながらしっかりと聞きましょう。発表が終わったら，「なぜそう考えたのか」「人にそう言われるが自分はどう思うのか」「それのどこが好きなのか」「なぜそれをすると楽しいのか」「それのどこに興味をひかれたのか」等，話し手が話した内容を詳しく掘り下げる質問をしましょう。1回終わったら，次に話し手と聞き手を交代して同じワークを行います。

④個人ワーク「『私の環境』を図で表現する」

　次に，今，自分を取り巻く環境を **Work Book** の **Work** ②（☞別冊：13頁）で表現してみましょう。枠の中央には，みなさん自身である「私」がいます。
　始めに，今の「私」と関係のある「人」を ◯（楕円）で示して名前を書き，関係を図であらわします。名前は「父」「母」「兄弟」「高校2年生のときの担任の先生」「塾の先生」「クラブの先輩」「アルバイト先の友人」等，自由に書いてください。「私」との関係（会う頻度や過ごす時間の長さ）が近いか遠いか，自分に影響を与えているかどうかで判断しましょう。関係は「私」との間の距離で示し，影響の大きさはその「人」を表す ◯ の大きさで示します。例えばたまにしか会わないけれど，あなたに大きな影響を与える人は，あなたから遠く

離れた位置に，大きな ○ を書いてその人の名前を書きます。

　次に，今の「私」にとって大切な「もの・こと・場所」を □ で示して名前を書き，関係を図で表します。たとえば「もの」ならば「ギター」「バイク」「スマホ」等，「こと」ならば「英語のクラス」「サークル活動」「アルバイト」等，「場所」ならば「図書館」「食堂」「部室」等，が挙げられます。なお，「もの・こと・場所」の3つすべてを書く必要はありません。

⑤グループワーク「『私を取り巻く環境』を言葉で表現する」

　グループ全員で輪になり，**Work Book** の **Work** ②（☞別冊：13頁）について自分で気づいた内容を口頭で発表し合います。内容は，私に影響を与えている人・もの・こと・場所や，私が大切にしている人・もの・こと・場所，そして私はそれらからどのような影響を受けているのか，どのように支えられているのか，についてです。発表者以外は聞き手として，発表者を見ながらうなずいたりあいづちを打ちながら，話をしっかりと聞きましょう。発表が終わったら，あなたが，表現した内容を確かに受け留めた，という意思を示すために拍手を送ります。これを全員が発表し終わるまで繰り返します。

⑥個人ワーク「これからの私，これからの大学生活を文章で表現する」

　最後にこれからの自分のあり方や大学生活のイメージを，**Work Book** の **Work** ③（☞別冊：14頁）で書きましょう。

⑦グループワーク「感想の共有」

　グループ全員で輪になり，**Work Book** の **Work** ③（☞別冊：14頁）について発表し，感想を一言ずつ述べ合います。今日のワークを通じて感じたことを，率直に話しましょう。

　気づいたことがあれば，**Work Book** の **Work** ④（☞別冊：14頁）にメモしましょう。

●授業の終わりにチェック

☐ 「自分の状態」と「自分を取り巻く環境」について理解を深めた

☐ グループメンバーに対して，相手の自己理解を深める質問者の役割を果たして貢献できた

☐ 自分が「大学生活を通じてどうなりたいか」を表現できた

06 社会人生活を調査する

社会人の先輩に聞く：
大学と社会をむすぶ私の大学生活

06-01 この授業の到達目標

　第6章では，社会人ゲストを招いて，座談会形式で「大学での学びが社会人としての生活にどう役立っているのか」をテーマとして，情報を収集します。第3，4章では，先輩に対し「大学生活の過ごし方・学び方」というテーマで情報収集しましたが，今回は，テーマを明らかにすることを目標とします。「大学での学びが社会人としての生活にどう役立っているのか」を知るにはどうしたらよいかを考え，社会人ゲストの方に，質問や意見を投げかけましょう。自分の探究心や思考力について考える機会にもなるでしょう。

　後半では，各自の得た情報や考えたことをグループで共有します。グループを代表する調査者として，ゲストの方からよい情報を収集し，グループに貢献し合いましょう。

　第6章で得た情報で，「自分の大学生活が社会人となった時，どのように役立っているのか」を想像しながら，自分が過ごしたい大学生活のイメージをより具体的なものにしていきましょう。

- 「大学生活が社会人生活にどう役立っているのか」について情報を得る
- グループメンバーに対し，調査者としての役割を果たして貢献する

06-02 ワークの進め方

①グループ分け

　1グループ5〜6名のグループを作成し，グループごとに着席します。

②グループワーク「調査計画の立案」

グループメンバーで，自己紹介し合ってください。自己紹介の際は，第5章で客観的に捉え直した自分について話すのもよいでしょう。

その後，今日の座談会に来られた社会人ゲストの方の「フラッシュ・トーク」を聞きます。「フラッシュ・トーク」では，各ゲストの「①自分の大学生活を代表する活動は何か」「②今，なさっている仕事は何か」を知ることができます。

次に「フラッシュ・トーク」を踏まえた上で，グループメンバーで話し合い，調査計画を立てます。先輩方の座談会は2セッション行われます。1セッション目に「誰がどのゲストの話を聞きに行くのか」「2セッション目に誰がどのゲストの話を聞きに行くのか」について，グループ内で話し合って決め，Work Book の Work ①（☞別冊：16頁）に座談会に各ゲストのご所属とお名前を記入してください。また，それぞれの先輩に対する「1回目の調査者」と「2回目の調査者」について，自グループの調査者の名前を入れましょう。

また，下記の「Point」を参考に，自分が調査を担当する先輩に対する質問を少なくとも3つは考えて，Work ①のメモ欄に記入しておきます。テーマは，「大学生活が社会人生活にどう役立っているのか」です。そのままを問うだけでなく，関連する質問を複数考えます。どうすればゲストから有効な情報を引き出すことができるでしょうか。グループの中で，質問が思いつかず，苦労しているメンバーがいる時は，一緒に質問のアイデア出しをしましょう。

> **Point**
> - クローズドクエスチョン：相手が，2択，3択等で答えられる問いかけ
>   - プライベートと仕事ではどちらが優先ですか？（2択）
>   - 学生の頃にはサークルには所属されましたか？（Yes／No）
>   - ご自分の大学生活は社会人生活に役立ったと思われますか？（Yes／No）
> - オープンクエスチョン：相手が，自由に答えられる問いかけ
>   - 本学出身でよかったなと思っていることは何ですか？
>   - 社会に出て自立するために重要なことは何だと考えていらっしゃいますか？
>   - ご自身の大学生活のどんなところが役立った（役立たなかった）と思われますか？

③個人ワーク「座談会①」

1回目の座談会が始まります。お忙しい社会人の先輩とお話する機会は，とても貴重なものです。テーマを明らかにするために参考となる情報を得られるよう，積極的に質問しましょう。先輩の話の内容，先輩の印象，自分が質問したことと，その回答を Work ②（☞別冊：17, 18頁）にメモしましょう。第3, 4章でも学んだように，「メモしながら聞く」ことは，大

学での学びの基本的なスタイルの一つです。さて，相手を見て，「書きながら聞く」ということには，そろそろ慣れてきたでしょうか？

④グループワーク「座談会①の共有」

　1回目の座談会における情報収集の成果を，グループに戻って共有しましょう。参考になる情報を収集しているメンバーがいたら，必ず「参考になった」「良い情報だった」などのコメントや感謝の気持ちを，フィードバックしましょう。

　1回目の座談会の成果共有が終わったら，2回目の座談会の予定を確認し，変更が必要であれば，話し合って決めましょう。

⑤個人ワーク「座談会②」

　③と同様に行います。

⑥グループワーク「座談会②の共有」

　④と同様に行います。

●授業の終わりにチェック

☐　「大学生活が社会人生活にどう役立っているのか」について情報を得た

☐　グループメンバーに対し，調査者としての役割を果たして貢献した

07 私が大学生活でむすびたいもの

社会人へのキャリアインタビュー・レポートと自分の大学生活の発表

07-01 この授業に参加するための準備

【課題】キャリアインタビュー・レポート

　身近にいる大人の方に働くことや，人生に関するインタビューをしてみましょう。インタビューする相手（インタビューイー）は，社会で働いている人あるいは働いていた人で，ぜひ話を聞いてみたいという人にインタビューしてください。家族，親戚，高校や塾の先生，アルバイト先の，大学の教職員，地域で活躍している方……などが考えられますね。

　身近な人をインタビューイーに選ぶ場合でも，インタビュアーであるみなさんは，必ず①アポイントをきちんと取り，②事前にインタビューの質問計画をつくり，③インタビューイーのプライバシーに配慮してください。

　アポイントの際には，インタビューの目的と内容を伝え，日時や場所を確定し，大学の授業における課題のレポートにインタビュー内容を使用することを伝えてください。

　質問計画では，下記の1）〜5）に自分の独自質問を含めて，全6質問は必ず実施してください。インタビュー中に興味を持ったことがあれば，追加質問をしてもよいですが，インタビューイーに事前に伝えていた時間をオーバーして迷惑をかけることのないように配慮してください。調査目的であっても，何を聞いても許されるわけではありません。節度を守って実施してください。インタビューした内容をレポートにまとめ，授業に参加します。

❶インタビューイーがみなさんと同年代だった頃について聞いてみましょう。「どのような学生生活を送っていましたか？」「学生時代は将来，どのようなことを考えていましたか？　何かなりたい職業，やってみたいことは決まっていましたか？」といった質問からスタートしてもいいでしょう。

❷社会に出たばかりの頃についての話を聞いてみましょう。「最初の仕事を選んだきっかけを教えてください」。「仕事を始めてみて驚いたことや感心したことは何ですか？」「働く前に予想していたことと違っていたことは何でしたか？」。その際，お叱りをうけた話とか，経験が少なくて失敗した話を訊くと働く現場を理解しやすくなります。

❸インタビューイーが、これまでどんな努力をしてきたか聞いてみましょう。「いままで一番苦労したことや、すごく達成感を感じた経験を教えてください」といった質問をしてみましょう。そうした経験には、自分が決めた目標に向けて努力した場合や、偶然起こったことに対して懸命に対処した場合等があると思われます。どのような状況で何をされたのか聞いてみましょう。

❹インタビューイーのこれまでの人生における「転機（人生が変わるきっかけや節目）」を聞いてみましょう。「人生が大きく変わった経験やそのきっかけとなった出来事を教えてください」などの質問をしてみましょう。そして「なぜ、そのようにしようと思った（せざるを得なかった）のですか？　その時の気持ちはどのようなものでしたか？」と質問を追加して、転機となった経験がその後の人生にどのように影響したのかを聞いてみましょう。転職経験のある人には、差し支えなければ、なぜ転職を決めたかも聞いてみましょう。

❺独自質問を自分で考え、質問してみましょう。

❻インタビューの締めくくりとして「これからの人生の目標を教えてください」という質問をしてみましょう。そのうえで、「ご自身の20歳前後の頃を思い返したうえで、私たち（学生）に対してアドバイスをお願いします」とお願いしてみましょう。

07-02　この授業の到達目標

　第5章で、第2章以来の、自分を掘り下げるワークに取り組み、第6章では、卒業生の社会人から大学生活について情報を収集しました。

　第7章では、教室に来るゲストではなく、大学外でグループメンバーそれぞれが収集してきた情報について共有し、社会に出るまでの大学生活をどのように過ごすべきかについて、様々な角度から考えを深めます。

　次のPart Ⅱでは、チームをつくって表現する活動とその振り返りを行います。本科目も半分が終わり、折り返し地点となりました。

　どのような大学生活を送りたいか、自分なりの方針はみえてきましたか？

- 様々な生き方について知り、大学生活の意義をより多角的に捉える
- 独自に調査し、報告書に記述したことを、端的にまとめて口頭発表ができる

07-03 ワークの進め方

①グループ分け

1グループ5〜6名のグループを作成し，着席する。

②個人ワーク「レポートを要約して発表原稿を作成する」

レポートの内容を振り返り，グループメンバーに伝えるべきポイントを，**Work Book** の **Work** ①（☞別冊：20頁）に，まとめましょう。その後，**Work** ①の情報を，口頭発表しやすいよう **Work** ②（☞別冊：21頁）の原稿用紙にまとめます。以下を参考にしてもよいでしょう。

> **Point**
> ●例えば，こんな発表原稿……
> 　私は……に従事する……さん，＊＊歳にインタビューしました。＊＊さんは，……の後，……という……をする会社に入って，＊＊年勤めて，今に至るそうです。人生の転機は……という経験をしたことで，その時，……という気持ちになったそうです。私は，＊＊さんの……という気持ちについて……と感じました。私は，今後の大学生活において……を大切にしようと思います。

③グループワーク「レポート内容の共有」

Work ③（☞別冊：22〜24頁）を使用します。まず，発表者（インタビュアー）とインタビューイーの情報を聞き取りましょう。発表内容について，感動したことや，気づいたこと，疑問に思ったことを，メモしながら，発表を聞いてください。

発表が終わったら，発表者に質問したり，心にとまったことや，感動したこと，面白いと思ったこと，気づいたことを伝え合いましょう。

●授業の終わりにチェック

☐ 様々な生き方について知り，大学生活の意義をより多角的に捉えた

☐ 独自に調査し，報告書に記述したことを，端的にまとめて口頭発表ができた

Part II
チームを創り，表現する
私たちが考える「大学生活の愉しみ方」

08 グループワークと ポスターセッション

08-01 この授業の到達目標

　いよいよ，本章では多くの偶然によって選ばれたグループメンバーで，ポスターセッションに向けて活動していきます。今回の授業では，グループ分けをして，ポスターセッションについての情報の確認からスケジュールの確認までのグループワークを行います。

　これまでの様々なグループにおけるワーク経験を活かして，以下のことをよく考えながら，活動してください。

> ❶ どのように自分は「このグループ」に貢献したいか／貢献すべきか
> ❷ 「このグループ」から何を学びたいか／学ぶべきか

　何もかも，自分が「よい」と思うようには進められません。メンバーそれぞれ違った価値観を持っているはずです。メンバーのよい部分に注目し，それぞれが特技や性格を活かして，調査し，一つのポスターを創りあげるには，どうしたらよいでしょうか。

　自分が「こうしよう！」と思うことがうまく進められない場合は，どうすれば，「このグループ」で，あなたのアイデアを活かしながら，うまく進めることができるでしょうか。

　このグループは小さな社会です。どう考えるべきか，行動すべきか。答えは誰も知りません。一人で悩みを抱え込まずに，時には人に相談することも必要かもしれません。自分なりによく考えて対応し，最高のポスターを創りあげて発表を楽しみましょう。

> ● 「グループ」という小社会の中で，自分なりの方針を持って行動できる
> ● 「グループ」という小社会の中で，自分なりの役割を見つけ，貢献できる

08-02　ワークの進め方

①グループ分け

　1グループ5～6名のグループを作成し，着席してください。このグループは，全5週間ワークを共にする仲間です。着席したら，ただちに自己紹介を行い，**Work Book** の **Work** ①（☞別冊：25頁）に全員のフルネーム，班番号，連絡先を記入しましょう。連絡先は，必ず **Work Book** にもメモします。携帯の紛失や充電切れの際にも連絡を取れるようにするためです。なお，グループメンバーの中には，特定の連絡方法（例えば，LINE など）に，難しさを感じる人がいるかもしれません。大学から付与される e-mail アドレスを用いる等，メンバー全員がストレスのない方法で連絡を取り合えるように工夫しましょう。

②グループワーク「ポスターセッションに関する情報の確認」

●ポスターセッションについて（☞本テキスト21頁「**Point**」参照）

- ●パワーポイントを用いてデータを作成し，A4用紙8枚分（A1サイズ）の面積にレイアウトしてグループで発表します。

全体テーマ：「私たちの大学の愉しみ方—新入生におススメしたい学び方，過ごし方」

他の1年生が知りたいと思うであろう情報やデータに基づいて発表を構成してください。ポスターは，次の4点から構成されます。

- ❶ポスター全体の「問い（調査テーマ）」の決定
- ❷調査方法の決定（どのような調査を，いつ，誰が行うのか）
- ❸調査結果の分析
- ❹グループ独自の結論

　「うちの大学ってそうなんだ！」「それは知らなかった！　おもしろい！」と教員も含め，聴衆をアッと言わせるものに仕上げてみましょう。たくさんの学生を自グループのポスターに釘づけにしてください。「つくればいい」という感覚で作成すると，作業自体がメンバーにとって，苦痛になってしまいます。自分たちが興味関心を持ち，楽しんで取り組めば，自然と面白い内容になり，クオリティが向上します。グループ全員で工夫してみましょう。

③グループワーク「テーマ決め」

「問い（調査テーマ）」は，各グループで意見を出しあい，質問の形で作ります。**Work Book Work ②**（☞別冊：25頁）にまとめましょう。

> 例：「一年次生が取るべき上位3科目（学部別）は何か？」「＊＊な学生にオススメのクラブ・サークルは何か？」「本学の学生がリラックスして学べる場所上位3カ所はどこか？」「本学の学生がはつらつと過ごすために工夫していることは？」「学園祭を100％楽しむためにすべきことは何か？」……例にとらわれず，ユニークな問いを立ててください。

④グループワーク「調査方法の決定」

A）質問紙調査，B）ヒアリング（個別インタビュー）の調査は，必ず一つずつ含めてください。また，全メンバーがなんらかの調査を担当するようにしてください。作業をバックアップし合う必要があるので，2-3名で一つの調査を担当してください。分担者と調査内容，手法が決まったら，**Work ③**（☞別冊：25頁）に書いてください。

> 調査の方法については，関連書籍や配布される質問紙調査のテンプレート等を熟読の上，取り組んでください。わからないことがあれば，教員・学生ファシリテータに質問しましょう。

⑤グループワーク「調査結果の分析スケジュールの合意」

調査結果について，各担当者からチームメンバー全員に報告する日程をあらかじめ決めてください（**Work ④**☞別冊：26頁）。全メンバーが，チームで行った全調査について説明員を担当します。どの調査について，どんな質問をされても，全メンバーが答えられるように準備する必要があります。

⑥グループワーク「今後のスケジュールの確認」

次ページに次回の授業以降のスケジュールがあります。日付を入れて参考にしてください。

| ① 　月　　日（　）の授業： | ポスター発表の内容を精査し，完成に近づける |

調査内容を持ち寄り，ポスター原案を構成し，教員や学生ファシリテータから助言を受け，以下のことなどを行います。

・不足しているデータの確認
・全体の整合性の確認
・効率よくデータを提示するレイアウトの検討

各種調査結果はグラフや表になっており，結論として何をいえるデータなのかが，はっきりしている必要があります。

| ② 　月　　日（　）の授業： | クラス内模擬発表 |

印刷を済ませたデータを使って，グループメンバーを半々にし，説明員役と聴衆役に分かれてリハーサルを行い，以下をチェックします。

・調査結果の説明に無理がないか
・全員が説明員として十分な説明ができるようになっているか
・質疑応答対策は準備できているか

| ③ 　月　　日（　）の授業： | 合同クラスポスターセッション　大学の愉しみ方：新入生におススメしたい学び方，過ごし方 |

合同クラスでポスター発表を行い，2クラス分のポスター発表を楽しみます。

| ④ 　月　　日（　）の授業： | 発表準備と発表について振り返り，気づき・学びを得る（9章） |

グループメンバーでポスターセッションまでのワークを振り返ります。

◎ポスター完成のためのヒント
大学には，本当に様々な学生・教員・職員が存在します。行き詰まったとき，時間内に作業が間に合わなそうなときは，クラスを担当する学生ファシリテータ，担当教員はもちろん，学内の相談窓口に尋ねてみましょう。図書館や情報センター等もオススメです。

●授業の終わりにチェック

☐ 「グループ」という小社会の中で，自分なりの方針を持って行動できた
☐ 「グループ」という小社会の中で，自分なりの役割をみつけ，貢献できた

09 発表準備と発表の振り返り

09-01　この授業の到達目標

　前回までの授業では，固定グループで合同ポスターセッションに向けて活動しました。「グループ」という小さな社会，小さな大学の中で，自分なりの方針を持って行動し，自分なりの役割をみつけて貢献しました。それは，どんな方針で，どんな役割だったのでしょうか。

　共に4週間の活動を終え，貢献し合った仲間たちに，それぞれが，どんな方針を持って行動しているようにみえたのか，どんな役割を果たし合っていたのか，省察しましょう。主観的にも，客観的にも，振り返り，言葉にして互いにフィードバックしましょう。

　自分が気づいていないところで，期待されていた役割を果たしていたかもしれませんし，自分が思わぬファインプレーをしていたということも，あるかもしれません。

　方針と役割を中心にこれまでの活動を振り返り，学びとったものを「棚卸し」してみましょう。それらを，今後の大学生活にどのように活かすことができるでしょうか。今の自分が持つ当面の方針について，メンバーに表明してみましょう。

　最後に，共に過ごした仲間に対し，互いの今後の大学生活に，エールを送り合いましょう。

- 「グループ」という小社会の中で持った自分の方針，果たした役割を主観的・客観的に把握している
- 「グループ」という小社会での活動を振り返り，今後の大学生活にどのように活かすかについて方針を持っている

09-02　ワークの進め方

①グループ着席

　第8章で決定したグループメンバーで，グループごとに着席する。

②個人ワーク「グループ活動を振り返り，果たした役割と自分の方針を言語化する」

これまでのグループ活動を振り返り，自分の気持ちや考え，果たした役割等，自分の方針を，**Work Book** の **Work** ①から **Work** ⑤（☞別冊：28-30 頁）の質問にそって記入しましょう。

③グループワーク「共有とフィードバック」

Work ①から **Work** ⑤で記入した内容について，一人ずつ，発表していきます。発表中，聞き手のメンバーは，自分にとって参考になりそうなことや，気づいたことについて **Work** ⑥（☞別冊：30 頁）にメモします。一人目の発表が終わったら，二人目の発表を行います。これを人数分繰り返して下さい。時間が余ったら，ぜひ，それぞれの発表について感じたことや，グループ活動中に起こった出来事で印象的だったことについて，コメントし合いましょう。このメンバーでのワークは最後です。残された時間でメンバーに貢献し合いましょう。

④グループワーク「エール交換」

これから寄せ書きをします。まず，自分の **Work Book** の **Work** ⑦（☞別冊：31 頁）の真ん中に，自分の名前を記入して，○で囲んで下さい。終わったら，グループメンバーの人数に合わせて，記入スペースを分割して下さい。その後，それぞれの **Work Book** を，時計回りに，隣の人に渡します。

Work Book を受け取ったら，（ア）自分の名前，（イ）そのメンバーの活動中の印象，（ウ）そのメンバーの今後の大学生活へのエール（声援・励まし），その他自由に，寄せ書きの形で記入していきます。イラストを添えるのもよいでしょう。

書き終わったら，また時計回りに **Work Book** を渡します。全員分の **Work Book** に，時間内にグループメンバー全員が寄せ書きを終えられるようにしてください。

⑤グループワーク「解散式」

これで，このグループでのグループ活動は終了です。ともに健闘した仲間たちにお礼を言い合い，グループを解散します。

⑥第 10 章に向けた準備ワーク

第 10 章では，あなた自身の大学生活について，1 分間のスピーチを行います。高校まで，

どのように過ごしてきたのか。この授業のワークで，グループワークでどのようなことが起こったのか，何を感じたのか。そして，これからの大学生活で何を重視していきたいのか……クラスメイトにスピーチという形で意見表明を行います。もし，自分の好む表現方法が，音楽であったり，イラストを描くことであったりするならば，それらを取り入れてもよいでしょう。ただし，発表時間のうち，必ず20秒間は，その場で話すライブのスピーチを入れるようにしてください。

1分間をすべてスピーチで行う場合，目安は原稿用紙300文字となります。**Work Book** の **Work ⑧**（☞別冊：32頁）に，自分のスピーチ原稿を書いてみましょう。

また，次回授業までの間に，スピーチのリハーサルを時間を計測して行い，時間内に発表が終わることを確認しておきましょう。原稿をただ読むだけだと，聞き手にメッセージが伝わらないかもしれません。何度も練習して，内容や表現を洗練し，自分が伝えたいことが，伝わるよう，聞き手が楽しめるように工夫してください。

聞き手に届くよう，聞きとりやすい大きな声で発表することは，最も基礎的なスピーチの要件です。発声練習を行って，教室全体に自分の声が届くようにしましょう。

発表はランダムな順で行います。次回，次々回のどちらで自分が発表になるかは当日までわかりません。また，発表とそのフィードバックは，この授業において重要な学習活動ですので，体調を整え，遅刻欠席をしないように臨んでください。

●授業の終わりにチェック

- [ ] 「グループ」という小社会の中で持った自分の方針，果たした役割を主観的・客観的に把握することができた
- [ ] 「グループ」という小社会での活動を振り返り，今後の大学生活にどのように活かすかについて方針を持つことができた

10 「私の大学生活」発表
スピーチ体験とフィードバック

10-01 この授業の到達目標

　前々回までの授業で共に活動したメンバーとは，前回の授業で解散式を終えました。今回と次回の授業では，初めて「個」として，クラス全体に自らの大学生活について1分間のスピーチを行います。

　準備は十分行いました。聞き手全員に届く大きな声で発表する必要があります。「発表は苦手」「内向的な自分は発表に向いていない」と思う人もいるかもしれません。けれども，これまで共に活動してきたクラスの仲間たちが教室にはいます。いったん，不安な気持ちの自分は横において，挑戦しましょう。発表が苦手な人はその克服を，得意な人は技術の向上を目指し，実践してください。人前で自分の考えを話すのは社会で必要とされることでもあり，何より大学生としての新たな自信に繋がります。大学は，自分の考え，意見を対等に表明し合う場です。大学という学びの環境の醍醐味を，自分なりのやり方で楽しみましょう。

　聞き手は，あたたかな気持ちで，クラスメイトそれぞれの発表を受け止め，ポジティブなフィードバックを心がけましょう。発表者の顔を見てスピーチを聞く，共感したときにはうなずく，笑顔を返すこと……これらもフィードバックです。

　自分のこれからの大学生活について，仲間たちの前で意見表明をしてみて，皆からフィードバックを受けることで，また新たな考え方や気付きに出会えるかもしれません。

- 今後の大学生活について，1分間のスピーチ・パフォーマンスをする
- クラスメイトの発表について，ポジティブなフィードバックを行う

10-02　ワークの進め方

①着　席

指示に従って，各自着席します。

②個人ワーク「1分間スピーチ」

　教員の指示に従い，まず，今日の発表者のリスト（カタカナ）を，**Work Book** の **Work** ①（☞**別冊**：34–41 頁）に書き写します。
　発表者は，大きな声で，メッセージを聞き手に伝えることを最優先に，発表を行います。次の発表者は，発表準備席に自分で移動して，発表に備えましょう。
　聞き手は，発表者の顔を見て，共感した部分にはうなずきながら聞き，笑顔で発表を受け止めましょう。発表中に，聞き手と目が合うこと，聞き手の笑顔を見つけることは，発表のしやすさを格段に高めます。
　発表者の入れ替え時間に，聞き手は，発表者が言いたかったこと，感想，コメント，質問を，メモ欄に記入しておきましょう。

③クラスワーク「ポジティブなフィードバックと質疑応答」

　本日分の発表が終わったら，本日の発表者に対し，「今日私にとって最も印象に残った発表」「発表方法で感心したこと」「発表内容で気になったこと」「共感したこと」などの視点から，ポジティブなフィードバックや質問をしあいます。

●授業の終わりにチェック

☐ 今後の大学生活について，1分間のスピーチを行うことができた
☐ クラスメイトの発表について，ポジティブなフィードバックを行うことができた

11 今期授業の振り返り
今後の大学生活に向けて

11-01 この授業の到達目標

　この授業も，今回で最後となります。いよいよ，今期の大学生活の総まとめです。この授業だけでなく，他の専門科目や一般教養科目，また，課外活動についても振り返ります。その上で，あなた自身の今後の大学生活について，計画を立てましょう。

　この科目では「自分のことを知る」取り組み，「大学生活の学び方・過ごし方について先輩学生の話を元に調査する」取り組み，「社会に出てから大学生活の学び方・過ごし方がどう活きるのか社会人の話を元に調査する」取り組み，「グループで活動し，調査・発表する」という取り組みを行ってきました。あなたにとって心地よい協調作業のあり方，あなたにとって快適で好ましい大学生活の学び方・過ごし方について，あなた自身の考えは深まりましたか。

　今日は，今期全体を振り返って言語化し，グループメンバーと共有した上で，あなたの今後の大学生活を鮮やかに描き出しましょう。

- 今期に受講しているすべての授業と課外活動について，自分なりに振り返り・捉え直す
- 今後の大学生活について自分なりの方針を持つ

11-02 ワークの進め方

①グループ分け
　1グループ3～4名のグループを作成し，着席する。

②個人ワーク「今期の学びの振り返りと後期に向けた計画」
　第1, 2, 5章で，「自分のことを知る」ワーク，第3, 4章で，「大学生活の学び方・過ごし

方について調査する」ワークに取り組んできました。そして，第6，7章では，「社会に出てから大学の学びがどう活きるのか調査する」ワークに取り組んできました。第8章では，「グループで調査・発表する」ワークに取り組み，第9章では，今後の大学生活についてグループメンバーと互いにエールを送り合いました。また，第10章では，「大学生活における自分なりの方針を言語化する」ワークに取り組み，クラスメンバーの発表を聞きました。別冊の **Work Book** の該当ページ，**Reflection Note** の該当ページを読み返し，この授業を受ける前と受けた後で自分にどんな変化が起こったのかについて **Work** ①（☞別冊：42頁）に記入しましょう。その上で，あらためて，あなた自身が大学生活において大切にしたいこと，重視すべきことを **Work** ②（☞別冊：42頁）に記入しましょう。

　次に，自分が今期に履修している授業について，専門科目・一般教養科目に分けて，振り返ります。**Work Book** の **Work** ③（☞別冊：43頁）に，(1)自分が履修している科目名，(2)その科目で自分が面白いと感じたこと，自分にとっての意味，(3)その科目の自分の理想とする大学生活との関係性について記入しましょう。

　次に，自分が前期に正課（授業）以外で行った取り組みについて，(1)その取り組みの内容，(2)その取り組みと自分の理想とする大学生活との関係性について，**Work** ④（☞別冊：44頁）に記入しましょう。

　最後に，今後重視したい学び方・過ごし方についてのより具体的な計画を **Work** ⑤（☞別冊：45頁）に記入しましょう。

③グループワーク「共有」

　②で記述した内容について発表します。もう，グループワークは何度も経験しましたから，誰かの発表内容について，ポジティブなコメントをするのにも慣れてきましたね。聞き手は，発表を聞き流すのではなく，発表から学びましょう。発表を聞きながら，必ず「どこが参考になったか」「どこが面白いと思ったか」をフィードバックできるように準備しましょう。1人目の発表が終わったら，全員がコメントし，コメントされた内容を，発表者は **Work** ⑥（☞別冊：46頁）にメモして下さい。1人目の発表が終わったら，2人目……と順に発表し，時間内に全員の発表とフィードバックが終わっているようにしましょう。

④クラスの解散式

　この授業で活動するのは，これで最後になります。最後に，この授業にスタッフとして関わった学生ファシリテータ，教員からクラス全体へのフィードバックを行い，クラスを解散します。

11　今期授業の振り返り

　あなたの大学生活は，あなた自身のものです。あなたの人生も，あなた自身のものです。貴重な大学生活。大切なあなたの人生。周りの環境を活かし，人の考えを聞いたり，行動を参考にしながら，素敵な大学生活を，人生を，自ら創り上げて下さい。

●授業の終わりにチェック
☐　今期に受講しているすべての授業について，自分なりに振り返り，捉え直しができた
☐　今後の大学生活について自分なりの方針が持てた

「自己発見と大学生活」で,自分のこと,他の人のことをこれまでよりもていねいにみつめて,理解できましたか？
　対話やグループワークの経験から,大学生という立場を楽しみ,それを活用してこれからどう行動しようかとイメージすることができましたか？　ここで学んだこと,感じたこと,考えが深まったことを活かして,みなさん自身が満足できる豊かな大学生活を過ごしてください。そして卒業する時に,この大学に入学してよかった,自分にとってよい4年間だった,と思えるように。
　みなさんに,心からのエールを贈ります！

担当教員一同

4か月間,楽しめたかな？
ここでの学びやつながりを,ぜひこれからの大学生活に活かしていこう！
応援しています！

参考文献

安部恒久（2006）.『エンカウンター・グループ―仲間関係のファシリテーション』九州大学出版会
新井和広・坂倉杏介（2013）.『グループ学習入門―学びあう場づくりの技法』慶應義塾大学出版会
石井一成（2011）.『ゼロからわかる―大学生のためのレポート・論文の書き方』ナツメ社
石坂春秋（2003）.『レポート・論文・プレゼンスキルズ―レポート・論文執筆の基礎とプレゼンテーション』くろしお出版
井下千以子（2014）.『思考を鍛えるレポート・論文作成法 第 2 版』慶應義塾大学出版会
ヴァン イタリー, J-C.／松田弘子［訳］（2004）.『劇作ワークブック―戯曲の書き方を学ぶ 13 のレッスン』ブロンズ新社
ヴィゴツキー, L. S.／柴田義松［訳］（2001）.『新訳版 思考と言語』新読書社
ガニェ, R. M.・ウェイジャー, W. W.・ゴラス, K. C.・ケラー, J. M.／鈴木克明・岩崎 信［監訳］（2010）『インストラクショナルデザインの原理』北大路書房
久保田賢一（2000）.『構成主義パラダイムと学習環境デザイン』関西大学出版部
久保田賢一・岸磨貴子［編著］（2012）.『大学教育をデザインする―構成主義に基づいた教育実践』
久保田賢一［編著］（2013）.『高等教育におけるつながり・協働する学習環境デザイン―大学生の能動的な学びを支援するソーシャルメディアの活用』
桑田てるみ［編］（2013）.『学生のレポート・論文作成トレーニング―スキルを学ぶ 21 のワーク』実教出版
慶應義塾大学教養研究センター［監修］（2015）.『実地調査入門―社会調査の第一歩』慶應義塾大学出版会
國分康孝（1992）.『構成的グループ・エンカウンター』誠信書房
佐藤 望［編著］（2006）.『大学生のための知的技法入門』慶應義塾出版会
三宮真智子［編著］（2008）.『メタ認知―学習力を支える高次認知機能』北大路書房
ショーン, D. A.／佐藤 学・秋田喜代美［訳］（2001）.『専門家の知恵―反省的実践家は行為しながら考える』ゆみる出版
ショーン, D. A.／柳沢昌一・三輪健二［監訳］（2007）.『省察的実践とは何か―プロフェッショナルの行為と思考』鳳書房
中澤 務・森 貴史・本村康哲［編］（2007）.『知のナヴィゲーター―情報と知識の海―現代を航海するための』くろしお出版
西山敏樹・鈴木亮子・大西幸周（2013）.『データ収集・分析入門―社会を効果的に読み解く技法』慶應義塾出版会
バークレイ, E. F.・クロス, K. P.・メジャー, C. H.／安永 悟［監訳］（2012）『協同学習の技法―大学教育の手引き』ナカニシヤ出版
平木典子（2009）.『アサーション・トレーニング―さわやかな「自己実現」のために』金子書房
平田オリザ（1998）.『演劇入門』講談社
文化庁『著作権』（http://www.bunka.go.jp/shosakuken/index.html（最終閲覧日：2014 年 2 月 17 日））
牧野由香里（2013）.『対話による学びへと続く道―学校改革「学びの共同体」づくりのナラティブ・エスノグラフィー』ひつじ書房
マクナミー, S.・ガーゲン, K. J.［編］／野口裕二・野村直樹［訳］（2000）『ナラティブ・セラピー―社会構成主義の実践』金剛出版
南田勝也・矢田部圭介・山下玲子（2011）.『ゼミで学ぶスタディスキル』北樹出版
森 治美（2008）.『ドラマ脚本の書き方―映像ドラマとオーディオドラマ』新水社
山田礼子（2009）.「大学における初年次教育の展開」*Journal of Quality Education*.
レイヴ, J.・ウェンガー, E.／佐伯 胖［訳］福島真人［解説］（1993）.『状況に埋め込まれた学習―正統的周辺参加』産業図書
ロジャーズ, C. R.／畠瀬 稔・畠瀬直子［訳］（2007）.『エンカウンター・グループ―人間信頼の原点を求めて』創元社
Rosenberg, M.（1965）. *Society and the adolescent self-image*. Prinston University Press.

■ 著者紹介（* は監修）
中沢正江（なかざわ まさえ）
京都産業大学共通教育推進機構准教授。
博士（知識科学）。
専門分野：教育工学，高等教育，知識科学

松尾智晶*（まつお ちあき）
京都産業大学共通教育推進機構准教授。
修士（政策・メディア）。
慶應義塾大学湘南藤沢学会第 3 回研究発表大会最優秀論文賞（共著），日本産業カウンセリング学会 平成 27 年度優秀賞（共著）
専門分野：キャリア開発，キャリア教育，キャリアカウンセリング

※授業運営マニュアルの一部公開を行っています。閲覧ご希望の方，本書に関するご意見・ご感想は，以下のアドレスまでお寄せ下さい。

chiakimt@cc.kyoto-su.ac.jp

自己発見と大学生活
初年次教養教育のためのワークブック

2017 年 4 月 20 日　初版第 1 刷発行
2024 年 3 月 20 日　初版第 8 刷発行

　監　修　松尾智晶
　著　者　中沢正江
　　　　　松尾智晶
　発行者　中西　良
　発行所　株式会社ナカニシヤ出版
　〒606-8161　京都市左京区一乗寺木ノ本町 15 番地
　　　　　　Telephone　075-723-0111
　　　　　　Facsimile　075-723-0095
　　　Website　http://www.nakanishiya.co.jp/
　　　E-mail　iihon-ippai@nakanishiya.co.jp
　　　　　　郵便振替　01030-0-13128

装幀＝白沢　正／印刷・製本＝創栄図書印刷
Copyright © 2017 by M. Nakazawa, & C. Matsuo
Printed in Japan.
ISBN978-4-7795-1158-5

別冊：自己発見と大学生活
Work Book

学 部 名	
学 科 名	
受講科目名	
受講曜日・時間	
学籍番号	
氏　　名	
担当教員名	
連絡方法など	

目　次

Part I　自分自身を省察し発見する
様々な活動と情報を基に

01　オリエンテーション ——— 2
自己表現とフィードバックでお互いを知り合う

02　対話を通して知る自分 ——— 4
自分が人生で大切にしてきたことを省察する

03　大学生活を調査する① ——— 8
先輩に聞く大学での学び方

04　大学生活を調査する② ——— 9
先輩に聞く大学生活の過ごし方

05　自分の「今」を表現する ——— 12
文章と図で今の自分を表してみよう

06　社会人生活を調査する ——— 16
社会人の先輩に聞く：大学と社会をむすぶ私の大学生活

07　私が大学生活でむすびたいもの ——— 20
社会人へのキャリアインタビュー・レポートと自分の大学生活の発表

Part II　チームを創り，表現する
私たちが考える「大学生活の愉しみ方」

08　グループワークとポスターセッション ———————— 25

09　発表準備と発表の振り返り ———————————————— 28

10　「私の大学生活」発表 ——————————————————— 34
　　スピーチ体験とフィードバック

11　今期授業の振り返り ———————————————————— 42
　　今後の大学生活に向けて

別冊：自己発見と大学生活
Work Book

01 オリエンテーション
自己表現とフィードバックでお互いを知り合う

Work ① アイスブレイク 「字」己紹介（☞ **テキスト：9頁**）

● 「自分を漢字1字で表すとしたら……

01 オリエンテーション

Work ② PROGRESS！（☞テキスト：10 頁）

● クラスメンバーから言われた言葉と，自分の発言やふるまいで記憶に残ったことを記入

Work ③ 「二画ゲーム」（☞テキスト：10 頁）

02　対話を通して知る自分
自分が人生で大切にしてきたことを省察する

Work ①　第一印象ワーク：インプレッション編（☞テキスト：13頁）

番号／名前／印象	1	2	3	4	5	6
まじめ						
明るい						
やさしい						
のんびり						
冷静						
活動的						
大雑把						
おもしろい						
頼もしい						
おおらか						
几帳面						
コメント欄						

Memo

Work ④ 第一印象ワーク：リフレクション編（☞テキスト：15頁）

番号 名前 印象	1	2	3	4	5	6
まじめ						
明るい						
やさしい						
のんびり						
冷静						
活動的						
大雑把						
おもしろい						
頼もしい						
おおらか						
几帳面						
コメント欄						

Work ⑤ 第一印象ワーク：フィードバック編（☞テキスト：15頁）

●自分に対するメンバーからのコメント（印象の変化）をメモしてみよう。

Work ② 価値観ワーク：私が大学生活で重視したいことは何か？（☞ **テキスト：14頁**）

交流・人間関係（教養）	☐クラブ・サークルに参加 ☐アルバイトをする ☐家族以外のオトナに友人（知人）をつくる ☐恋人をつくる ☐親友をつくる	☐外国人の友人をつくる ☐たくさんの友人をつくる ☐尊敬できる友人をつくる ☐
精神修養（教養）	☐色々な人の価値観を知る ☐美術・音楽に触れる ☐美しい景色を見る ☐ファッションセンスを磨く ☐苦労する ☐楽しいことをやり尽くす ☐小説を読む ☐1人暮らしをする	☐高い買い物をする ☐節約する・貯金する ☐様々な知識を知る ☐夜通し語る ☐20歳になったらお酒を飲んで自分の限界（酒量）を知る ☐
学問・探求	☐世界中の誰もが知らないことを知る ☐誰も行ったことがない場所に行く ☐自分の考えを表現する ☐既存の知識を学ぶ	☐卒業研究など研究活動をする ☐大学院に進学する ☐
スキル修得	☐社会人に必要な能力を身につける ☐金銭管理能力を身につける ☐情報収集能力を身につける ☐論理的思考力を身につける ☐ストレスに強くなる ☐問題解決能力を身につける	☐対話能力を身につける ☐協調性を身につける ☐英語力を身につける ☐多様な価値観を身につける ☐プレゼン能力を身につける ☐
資格・地位	☐資格を取る ☐学士や修士を取る ☐お金を沢山得る ☐名の知れた企業の内定を取る ☐4年で卒業する	☐首席／優秀修了生になる ☐分野の専門家になる ☐無遅刻無欠席 ☐
その他	☐夢中になることを見つけ，がむしゃらに取り組む ☐	☐ひたすら努力する

02 対話を通して知る自分

Work ③　価値観ワーク：私が大学生活で重視していることの関係図　（☞ テキスト：14頁）

> 自分の価値観，はっきりしてきた？

03　大学生活を調査する①
先輩に聞く大学での学び方

Work ①　「大学生活の学び方」についての調査結果を記録しよう（☞**テキスト：18頁**）

（　　　　　　　　　）さん　（　　）学部　（　　）年次
1回目調査者：＿＿＿＿＿＿＿＿＿＿＿＿＿　2回目調査者：＿＿＿＿＿＿＿＿＿＿＿＿＿
【先輩の印象・話の内容など】

（　　　　　　　　　）さん　（　　）学部　（　　）年次
1回目調査者：＿＿＿＿＿＿＿＿＿＿＿＿＿　2回目調査者：＿＿＿＿＿＿＿＿＿＿＿＿＿
【先輩の印象・話の内容など】

（　　　　　　　　　）さん　（　　）学部　（　　）年次
1回目調査者：＿＿＿＿＿＿＿＿＿＿＿＿＿　2回目調査者：＿＿＿＿＿＿＿＿＿＿＿＿＿
【先輩の印象・話の内容など】

04　大学生活を調査する②
先輩に聞く大学生活の過ごし方

Work ①　先輩方のフラッシュ・トークをメモしましょう（☞**テキスト：22頁**）

●フラッシュ・トークについてのメモ

（　　　　　　　）学部　　（　）年　＿＿＿＿＿＿＿＿＿＿＿＿＿先輩

テーマ：＿＿＿＿＿＿＿＿＿＿＿＿＿＿＿＿＿＿＿＿＿＿＿＿＿＿＿＿＿＿＿＿＿

1回目調査者：＿＿＿＿＿＿＿＿＿＿＿＿　2回目調査者：＿＿＿＿＿＿＿＿＿＿＿＿

（　　　　　　　）学部　　（　）年　＿＿＿＿＿＿＿＿＿＿＿＿＿先輩

テーマ：＿＿＿＿＿＿＿＿＿＿＿＿＿＿＿＿＿＿＿＿＿＿＿＿＿＿＿＿＿＿＿＿＿

1回目調査者：＿＿＿＿＿＿＿＿＿＿＿＿　2回目調査者：＿＿＿＿＿＿＿＿＿＿＿＿

（　　　　　　　）学部　　（　）年　＿＿＿＿＿＿＿＿＿＿＿＿＿先輩

テーマ：＿＿＿＿＿＿＿＿＿＿＿＿＿＿＿＿＿＿＿＿＿＿＿＿＿＿＿＿＿＿＿＿＿

1回目調査者：＿＿＿＿＿＿＿＿＿＿＿＿　2回目調査者：＿＿＿＿＿＿＿＿＿＿＿＿

Work ② 1人目の先輩のポスターの概要説明を聞く（☞テキスト：22頁）

●概要についてのメモ

Work ③ グループ共有「先輩が勧める大学生活の過ごし方」について気づいたこと・学んだこと
（☞テキスト：23頁）

調査者（メンバー）	どの先輩の話で	調査者の気づいたこと・学んだこと
＿＿＿＿＿さん	＿＿＿＿＿先輩 ＿＿＿＿＿学部	
＿＿＿＿＿さん	＿＿＿＿＿先輩 ＿＿＿＿＿学部	
＿＿＿＿＿さん	＿＿＿＿＿先輩 ＿＿＿＿＿学部	
＿＿＿＿＿さん	＿＿＿＿＿先輩 ＿＿＿＿＿学部	
＿＿＿＿＿さん	＿＿＿＿＿先輩 ＿＿＿＿＿学部	

04　大学生活を調査する②

Work ④　2人目の先輩のポスターの概要説明を聞く（☞テキスト：23頁）

●概要についてのメモ

_____
_____
_____
_____
_____
_____
_____
_____

Work ⑤　グループ共有「先輩が勧める大学生活の過ごし方」について気づいたこと・学んだこと（☞テキスト：23頁）

調査者（メンバー）	どの先輩の話で	調査者の気づいたこと・学んだこと
_____さん	_____先輩 _____学部	
_____さん	_____先輩 _____学部	
_____さん	_____先輩 _____学部	
_____さん	_____先輩 _____学部	
_____さん	_____先輩 _____学部	

05 自分の「今」を表現する
文章と図で今の自分を表してみよう

Work ① 「私」を文章で表現する（☞ テキスト：26頁）

私は＿＿＿＿＿＿＿＿＿＿＿＿＿＿＿＿＿＿＿＿＿＿＿＿＿＿＿な性格です

私は＿＿＿＿＿＿＿＿＿＿＿＿＿＿＿＿＿＿＿＿＿＿＿＿＿＿＿が好きです

私は＿＿＿＿＿＿＿＿＿＿＿＿＿＿＿＿＿＿＿＿＿＿＿＿＿＿＿と思われがちです

私は＿＿＿＿＿＿＿＿＿＿＿＿＿＿＿＿＿＿＿＿＿＿＿＿＿＿＿をすると楽しくなります

私は＿＿＿＿＿＿＿＿＿＿＿＿＿＿＿＿＿＿＿＿＿＿＿＿＿＿＿に興味があります

私は＿＿＿＿＿＿＿＿＿＿＿＿＿＿＿＿＿＿＿＿＿＿＿＿＿＿＿と人によく言われます

私は＿＿＿＿＿＿＿＿＿＿＿＿＿＿＿＿＿＿＿＿＿＿＿＿＿＿＿には自信があります

私は＿＿＿＿＿＿＿＿＿＿＿＿＿＿＿＿＿＿＿＿＿＿＿＿＿＿＿をしていると幸せです

05 自分の「今」を表現する

Work② 「私の環境」を図で表現する（☞テキスト：26頁）

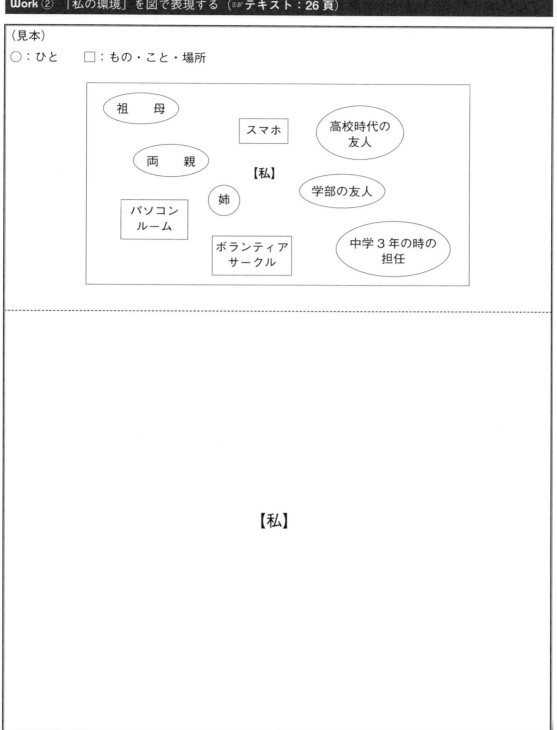

（見本）
○：ひと　　□：もの・こと・場所

【私】

Work ③ 「これからの私，これからの大学生活を文章で表現する」（☞ テキスト：27頁）

私は，大学時代に，自分の

［　　　　　　　　　　　　　　　　　　　　　　　　　　　　］

を強化したい。

私は，大学生活の中で

［　　　　　　　　　　　　　　　　　　　　　　　　　　　　］

に最も時間を使いたい。

私は，大学を卒業するときに，

［　　　　　　　　　　　　　　　　　　　　　　　　　　　　］

と言える大学生活を送りたい。

Work ④ 「感想の共有」メモ（☞ テキスト：27頁）

MEMO

06　社会人生活を調査する
社会人の先輩に聞く：大学と社会をむすぶ私の大学生活

Work ①　ゲストの方のフラッシュ・トークをメモしましょう（☞ **テキスト：30頁**）

●フラッシュ・トークについてのメモ

ご所属：＿＿＿＿＿＿＿＿＿＿＿＿＿＿＿＿　　お名前：＿＿＿＿＿＿＿＿＿＿＿＿＿＿＿＿

①自分の大学生活を代表する活動は……
＿＿＿

②今，なさっているお仕事は……
＿＿＿

1回目調査者：＿＿＿＿＿＿＿＿＿＿＿＿＿＿　2回目調査者：＿＿＿＿＿＿＿＿＿＿＿＿＿＿

ご所属：＿＿＿＿＿＿＿＿＿＿＿＿＿＿＿＿　　お名前：＿＿＿＿＿＿＿＿＿＿＿＿＿＿＿＿

①自分の大学生活を代表する活動は……
＿＿＿

②今，なさっているお仕事は……
＿＿＿

1回目調査者：＿＿＿＿＿＿＿＿＿＿＿＿＿＿　2回目調査者：＿＿＿＿＿＿＿＿＿＿＿＿＿＿

ご所属：＿＿＿＿＿＿＿＿＿＿＿＿＿＿＿＿　　お名前：＿＿＿＿＿＿＿＿＿＿＿＿＿＿＿＿

①自分の大学生活を代表する活動は……
＿＿＿

②今，なさっているお仕事は……
＿＿＿

1回目調査者：＿＿＿＿＿＿＿＿＿＿＿＿＿＿　2回目調査者：＿＿＿＿＿＿＿＿＿＿＿＿＿＿

06 社会人生活を調査する

Work ② 「大学生活が社会人生活にどう役立っているのか」についての調査結果を記録しよう
（☞ テキスト：30 頁）

（　　　　　　　　　　　）さん　　ご所属（　　　　　　　　　　　　　　　　　）

1回目調査者：＿＿＿＿＿＿＿＿＿＿＿＿＿＿　2回目調査者：＿＿＿＿＿＿＿＿＿＿＿＿＿＿

【先輩の印象・話の内容など】

【大学での学びが社会人の生活にどう役立っているのか】

（　　　　　　　　　　　）さん　　ご所属（　　　　　　　　　　　　　　　　　）

1回目調査者：＿＿＿＿＿＿＿＿＿＿＿＿＿＿　2回目調査者：＿＿＿＿＿＿＿＿＿＿＿＿＿＿

【先輩の印象・話の内容など】

【大学での学びが社会人の生活にどう役立っているのか】

Work ② 「大学生活が社会人生活にどう役立っているのか」についての調査結果を記録しよう
（☞テキスト：30 頁）

（　　　　　　　　　　　）さん　　ご所属（　　　　　　　　　　　　　　　　）
1回目調査者：＿＿＿＿＿＿＿＿＿＿＿＿＿＿　　2回目調査者：＿＿＿＿＿＿＿＿＿＿＿＿＿＿

【先輩の印象・話の内容など】

【大学での学びが社会人生活にどう役立っているのか】

MEMO

07 私が大学生活でむすびたいもの
社会人へのキャリアインタビュー・レポートと自分の大学生活の発表

Work ① レポートを下記のフォーマットで要約しましょう（☞ **テキスト：35 頁**）

インタビューイー	（　　　　　　　　　　）に従事する（　　　　　　　　　）さん
年齢（年代）	歳（　　　代）
インタビューイーの思い，経験のうち，特に重要だと思う点	
インタビューして自分が感じたこと，学んだこと	

07 私が大学生活でむすびたいもの

Work ② Work ①でまとめたことを，発表原稿にまとめましょう（☞ テキスト：35頁）

Work ③ グループメンバーの発表や自分がフィードバックしたいと思った内容をメモし,最終レポートに活かしましょう！（☞ テキスト：35 頁）

1人目の発表者	（　　　　　　　　）学部（　　　　　　　　　　）さん
年齢（年代）	歳（　　　代）
インタビューイー	（　　　　　　　　　）に従事する（　　　　　　　　）さん
自分が感動したこと,気づいたこと,疑問に思ったことについて,メモしながら発表を聞き,フィードバックしましょう。	・_____ _____ ・_____ _____ ・_____ _____ ・_____ _____

2人目の発表者	（　　　　　　　　）学部（　　　　　　　　　　）さん
年齢（年代）	歳（　　　代）
インタビューイー	（　　　　　　　　　）に従事する（　　　　　　　　）さん
自分が感動したこと,気づいたこと,疑問に思ったことについて,メモしながら発表を聞き,フィードバックしましょう。	・_____ _____ ・_____ _____ ・_____ _____ ・_____ _____

07　私が大学生活でむすびたいもの

Work ③　グループメンバーの発表や自分がフィードバックしたいと思った内容をメモし，最終レポートに活かしましょう！（☞**テキスト：35頁**）

3人目の発表者	（　　　　　　　　）学部（　　　　　　　　　）さん
年齢（年代）	歳（　　　代）
インタビューイー	（　　　　　　　　　）に従事する（　　　　　　　　）さん
自分が感動したこと，気づいたこと，疑問に思ったことについて，メモしながら発表を聞き，フィードバックしましょう。	・_____ _____ ・_____ _____ ・_____ _____ ・_____ _____ ・_____

4人目の発表者	（　　　　　　　　）学部（　　　　　　　　　）さん
年齢（年代）	歳（　　　代）
インタビューイー	（　　　　　　　　　）に従事する（　　　　　　　　）さん
自分が感動したこと，気づいたこと，疑問に思ったことについて，メモしながら発表を聞き，フィードバックしましょう。	・_____ _____ ・_____ _____ ・_____ _____ ・_____ _____ ・_____

Work ③ グループメンバーの発表や自分がフィードバックしたいと思った内容をメモし，最終レポートに活かしましょう！（☞**テキスト：35頁**）

5人目の発表者	（　　　　　　　　）学部（　　　　　　　　　　）さん
年齢（年代）	歳（　　　代）
インタビューイー	（　　　　　　　　　　）に従事する（　　　　　　　　　　）さん
自分が感動したこと，気づいたこと，疑問に思ったことについて，メモしながら発表を聞き，フィードバックしましょう。	・＿＿ ・＿＿ ・＿＿ ・＿＿＿＿＿＿＿＿＿＿＿＿＿＿＿＿＿＿＿＿＿＿＿＿＿＿＿＿＿＿＿＿＿＿

08　グループワークとポスターセッション

Work① グループメンバーの一覧（☞テキスト：40頁）

チームナンバー	メンバー名	メンバー連絡先（e-mail, 携帯番号, LINE 等）

Work② テーマ（☞テキスト：41頁）

私達のチームの「問い（調査テーマ）」は……

Work③ 調査方法の決定（☞テキスト：41頁）

調査の種別	主な担当者2名1組	検証内容（…について明らかにする）
A）質問紙調査 ※単純統計可		
B）ヒアリング調査		
C）その他の調査 他の統計資料との比較等		

Work ④ 調査結果の分析スケジュール（☞ テキスト：41頁）

日　　時	場　　所	分析対象となる調査
月　　日（　） 　　時　　分〜　　時　　分		
月　　日（　） 　　時　　分〜　　時　　分		
月　　日（　） 　　時　　分〜　　時　　分		
月　　日（　） 　　時　　分〜　　時　　分		
月　　日（　） 　　時　　分〜　　時　　分		
月　　日（　） 　　時　　分〜　　時　　分		
月　　日（　） 　　時　　分〜　　時　　分		
月　　日（　） 　　時　　分〜　　時　　分		
月　　日（　） 　　時　　分〜　　時　　分		

MEMO

09　発表準備と発表の振り返り

これまでの4週間，固定メンバーでグループワークに取り組みました。

Work ①　第8章のワークが始まった時，あなたはどのような気持ちで，何を考えましたか？
（**Reflection Note** を見て思い出してください）」（☞**テキスト：44頁**）

　

Work ②　発表前のグループ活動についての方針（☞**テキスト：44頁**）

●発表前，調査をしたり，結果をまとめポスターを作り準備していたとき，あなたはどのような気持ちでしたか？　チームの中で自分が果たす役割について，どのような考えを持っていましたか？

09 発表準備と発表の振り返り

Work ③ グループ活動における役割 （☞**テキスト：44 頁**）

●発表後，あなたはどのような気持ちでしたか？ チームの中で，あなたが貢献できたと思うことは何ですか？

Work ④ 今後のグループ活動についての方針 （☞**テキスト：44 頁**）

●今，もっとこうしておけばよかった，または，こうしてよかった，と思うことは何ですか？ 次にグループ活動をするときにはこのようにしよう，と考えたことは何ですか？

Work ⑤ 今後の大学生活についての方針 (☞テキスト：44頁)

● ①-④に記述したことを踏まえ，今後の大学生活を，自分としてはどのように過ごしていきたいと考えていますか。

Work ⑥ グループのメンバーの発表を聞いて，感じたこと，気づいたこと，考えたこと，自分にも活かすことができそうな点を書いてください (☞テキスト：44頁)

Work ⑦　今後の大学生活についての方針とエール交換　(☞**テキスト：44頁**)

●グループのメンバーから，寄せ書き形式で，グループワーク中に自分に対して感じたこと，自分の今後の大学生活へのエールを記入してもらいましょう。真ん中に，自分の名前を記入します。それから，今日のメンバーの人数を確認して，領域を人数分（自分を除く）に分割しましょう。寄せ書きの際，書きたい人は，イラスト等を添えたり，マーカーでデコレーションしてもよいでしょう。

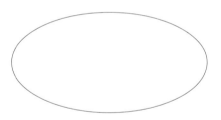

Work ⑧ 第10章の準備ワーク（☞ テキスト：45頁）

◎ 大学に入学するまでの自分，これまでの授業で起こったこと，自分のこと，グループのことを振り返って，『今後の自分の大学生活について』，1分間のスピーチ内容を考えます。

● 聞き手（クラスメイト）に伝えたいメッセージを一言で言うと……

● スピーチ原稿（1分間≒300文字）

MEMO

10 「私の大学生活」発表
スピーチ体験とフィードバック

Work ①（☞テキスト：48頁）

順番	名　前	発表者から受け取ったメッセージ	質問・コメント
1			
2			
3			
4			
5			
6			
7			
8			
9			
10			

10 「私の大学生活」発表

Work ① (☞テキスト：48頁)

順番	名　前	発表者から受け取ったメッセージ	質問・コメント
11			
12			
13			
14			
15			
16			
17			
18			
19			
20			

Work ① (☞テキスト：48頁)

順番	名　　前	発表者から受け取ったメッセージ	質問・コメント
21			
22			
23			
24			
25			
26			
27			
28			
29			
30			

10 「私の大学生活」発表

Work ① (☞テキスト：48頁)

順番	名　　前	発表者から受け取ったメッセージ	質問・コメント
31			
32			
33			
34			
35			
36			
37			
38			
39			
40			

Work ① (☞テキスト：48頁)

順番	名　　前	発表者から受け取ったメッセージ	質問・コメント
41			
42			
43			
44			
45			
46			
47			
48			
49			
50			

10 「私の大学生活」発表

Work ① (☞テキスト：48頁)

順番	名　前	発表者から受け取ったメッセージ	質問・コメント
51			
52			
53			
54			
55			
56			
57			
58			
59			
60			

Work ① (☞テキスト：48頁)

順番	名　前	発表者から受け取ったメッセージ	質問・コメント
61			
62			
63			
64			
65			
66			
67			
68			
69			
70			

10 「私の大学生活」発表

Work ① (☞テキスト：48頁)

順番	名　前	発表者から受け取ったメッセージ	質問・コメント
71			
72			
73			
74			
75			
76			
77			
78			
79			
80			

11　今期授業の振り返り
今後の大学生活に向けて

Work ①　本授業を受ける前と受けた後での変化はどのようなものだったでしょうか。Reflection Note と Work Book を読み返して記述しましょう。（☞テキスト：50頁）

Work ②　大学生活の方針（☞テキスト：50頁）

●あらためて，あなた自身が大学生活において大切にしたいこと，重視すべきだと考えることは何ですか？

11　今期授業の振り返り

Work ③　正課活動の振り返りと意義（☞テキスト：50頁）

●今期は，どのような授業を履修し，あなたは何を得ましたか。それらはあなた自身にとって，面白かったですか？　どんな意味を持つものでしたか？　また，Work ②に記述したあなたの理想とする大学生活と，どのような関係がありましたか？

履修している科目名	科目の面白さ，意味	方針との関係性 （得られた力や知識等）

Work ④　正課外活動の振り返りと意義（☞テキスト：50頁）

●授業以外で，あなたが今学期取り組んだことは何ですか？（例えば，クラブやサークル活動，ボランティア・地域活動，大学を越えた友人や仲間とのつきあい・アルバイト等があります。）それらは，あなたの理想とする大学生活と関係がありましたか？

活動の名前	活動の概要，面白さ	方針との関係性 （得られた力や知識等）

11　今期授業の振り返り

Work ⑤　今後の大学生活についての方針（☞ テキスト：50頁）

●①-④に記述したことを踏まえて，今後の大学生活を，どのように過ごしていきたいと考えていますか。今の気持ちや考えを書いてください。

【今期を振り返って満足していること】

【今期を振り返ってもっと改善したいと考えたこと】

【今期以降に継続して／新たに取り組みたいと考えていること】

Work ⑥ グループのメンバーの発表を聞いて，感じたこと，気づいたこと，自分にも活かすことができそうな点を書いてください。（☞**テキスト：50頁**）

〈みつるの場合〉

例えばこんなホーム	例えばこんなアウェイ

漫画：京都産業大学外国語学部卒業生　星加　静
テーマ：大学をアウェイからホームへ